釣りは人生とは別の時間

フライフィッシングの魅力と愉しみ

上野国久

MIKI PRESS
三樹書房

釣りは人生とは別の時間

フライフィッシングの魅力と愉しみ

序

釣りをしているときの、ある瞬間に訪れる至福の感覚は何物にも代え難い。三十歳を過ぎてから釣りをするようになった私は、その魅力に取り憑かれて夢中になった。学校を出て就職し、家庭を持ち、子供を育て、働き、人並みの暮らしを営みながら、その頃の私は何か物足りないものを感じていた。だから釣りに没頭するようになったのかもしれないが、あるいはそれまで自分が釣り好きであることに気づかなかっただけかもしれない。

人はいつまで生きるかわからない。それでも生きていればこそ、楽しいことがある。また、悲しいこともあるし、辛いこともある。幸福を感ずることあれば不幸に思われることもある。そういう我々の生活に、釣りの知識や技術、経験が役立つことはほとんど何もない。釣りは悲しみを癒すわけではないし、不幸を遠ざけもしない。釣りは釣りである。それでも釣りは私の人生の欠かすことのできない一部分なのである。

私には二人の息子がある。釣りを始めてからの一時期、私は彼らを釣りに連れて行くことがあった。まだ子供であった彼らは釣りに行くのを喜んだが、ある出来事から私は息子たちを釣りに連れて行くのをやめた。

釣り人のなかには、釣りをするために生きているような人がある。私の釣り仲間にもそういう人がいた。彼を見て、そして自分自身を顧みて、私は息子たちが釣りにのめりこむのを危惧した。人生には釣りよりも重要なことがいくらでもある。彼らが釣りをするようになるとしたら、父親に教わらなくともいずれそのときがくるだろう、と思ったのである。釣りはそういうものなのだ。

それから二十数年が過ぎた。すっかり大人になった二人の息子はいずれも釣りをしない。釣りなどより他にしなければならないことがあるのだろう。私が釣りに連れて行った当時まだ幼かった彼らは、釣りではなく、父親と過ごすひとときが嬉しかったのに違いない。

私はいまも釣りをする。釣りに行きたくても行けないときは、釣りについて書かれた本を読み、釣りについて考える。本書はそうして釣りのこと、釣りについて考えたことをまとめたものである。

釣りは人生とは別の時間

目次

序　3

第一章　フライフィッシング

一　毛鉤　11
二　英国の釣り師　21
三　転勤　32
四　解禁日　56
五　山女魚　63
六　日光湯川　76

第二章　釣り場を求めて

一　江津湖　87
二　兄と弟　103
三　釣りの仕掛け　112

四　記憶の扉　119
五　養沢川　123
六　アルンデル・アームス・ホテル　135
七　故郷へ　155

第三章　釣りは人生とは別の時間

一　病　175
二　チャールズ・ラムの手紙　190
三　『釣り魚大全』　200
四　ジョン・ウォーラー・ヒルズと釣りの本　216
五　蜉蝣《かげろう》　233

参考文献　245
あとがき　246

第一章　フライフィッシング

金遣いの荒い放蕩が寛大な気前のよさの徴《あらわれ》だといって大手を振ってまかり通り、決して吝嗇ではない倹約が卑賤を示す軽蔑すべき汚点の烙印を押される、このようなたがの緩んだ堕落の時代においては、釣りは、不当に低い評価を受けているものの一つです。実際、容易に深い喜びを得ることができる娯楽にもかかわらず、釣りは、軽蔑は受けないまでも、無視以上の款待を受けておりません。釣りの術を楽しむ人は、まだまだ少ないのです。費用のかからないものはどれも高貴でも愉快でもないと言わんばかりで、財産を浪費することなしには、五感を満足させることができないかのような風潮があるのです。

ロバート・ヴェナブルズ著『釣魚大全第三部』一六七六年刊行版　飯田操訳

一　毛鉤

これは三十歳を過ぎてから釣りを始めた私の、釣りと釣りにまつわる話である。

二十数年前に生まれて初めて毛鉤で山女魚を釣り上げてから私の人生は変わった、と思う。そのときの喜びと感動は、いまでも忘れられない。

いまでも一尾釣れれば、それが大物であっても小物であっても、やはり喜びがあり感動がある。大物を釣ればよく釣り上げたものだと歓喜し、小物であっても、厳しい状況でよく釣れたではないかと自分を納得させつつではあるけれども、やはり嬉しい。

私の釣りはフライフィッシング、渓流の毛鉤釣りである。子供の頃には川で鮒を釣って遊び、二十代の半ば頃に友人たちとルアーのバス釣りに興じたこともあるがいずれも長続きしなかった。私の人生には何事にもその傾向があって、興味のあることに一時期は熱中するものの、やがて飽きると投げ出してしまうから、そうして費やした時間は人生に豊かな実りのもたらすことなく過ぎ去ってしまうことになる。一時期は寝ても覚めてもフライフィッシングのことばかりで、熱中すればするほどこれもいつかは投げ出してしまうのだろうか、という不安をふと感じることがあった。それは物事が順調なときにふっとよぎる胸騒ぎにどこか似ている。自分の願うことがうまくいきそうなときに、ふと感じるあの不安である。

水面に浮かぶフライを見つめていると、釣れるか釣れないか、いまにも鱒が飛びついてくるのではないかという期待と不安の交錯した心理状態になる。釣りは、傍目には静かに、落ち着いているように見えても、心のうちでは期待と不安の振れ幅が大きく実は落ち着かないものなのだ。それに、釣りをしていると、楽しい時間が終わってしまった子供の哀しみのような、寂寥感を覚えることがある。楽しいことはいつまでも続かないのだ。

しかし結局のところ、私は釣りを続けている。それはもはや、続けるか、やめるか、という問題ではなくなって、生きていれば人生が続くように、続いているのである。

フライフィッシングは、擬餌鉤を使って鱒を釣る英国発祥の釣りの方法で、日本のテンカラ釣りに似ているが、テンカラよりも道具が多種多様で、その釣りの方法も多岐複雑である。鱒は清流に棲む。北は北海道から、南は九州の熊本、宮崎あたりまで、冷たくて澄んだ水の流れる川や、その川の流れこむ湖などで、鱒釣りができる。北海道を除いて、大きな河川はたいていその地域の漁協の管理下にあり、定期的に鱒が放流されている。釣り人のためにおもに虹鱒を放流する川の漁協もある。東日本では岩魚、山女魚、西日本では天魚《あまご》が釣れる。

釣りでいうところのフライは、蜉蝣《かげろう》や飛螻蛄《とびけら》などの水棲昆虫の姿に似せた毛鉤の総称である。その毛鉤を川で泳ぐ鱒の目の前にそっと落としてやると、鱒は羽虫が舞い降りてきたと見て水中から食いつくのである。渓流の鱒は、流れの芯に乗って漂う餌を待っている。その少し上流から毛鉤が流れてきて、それが頭上に来ると鱒は我慢ができなくなって飛びつくのだが、鱒は神経質で用心深くもあるから、毛鉤が釣り糸に引っ張られ流れが不自然になると、偽物だと見切られてしまうし、そもそも毛鉤の色とかたちと大きさが、好みに合わなければ見向きもしない。

毛鉤を自然に流すためには、釣り糸もまた自然に漂わせなければならない。毛鉤をうまく流してやると、鱒はきっと歓喜して跳びかかる。そうやって毛鉤を自然に流すのが私の好む釣り方であるが、釣り糸を引っぱって毛鉤を動かす釣り方もある。毛鉤の流し方は、水面に浮かせるか、水中に沈めるかでその方法が別れる。水中を沈める方法にはさらに、水面直下、水中の中ほど、そして水底、と、その深さによって方法が異なる。また、毛鉤を下流から上流に向かって投げ入れるか、上流から下流に向かって投げ入れるかの違いもある。季節、気候、天気、気温、渓相と流れの速さ、それに魚のスレ、などを勘案して、最終的には釣り人がそれぞれの好みで、どういう方法にするか決めるのだが、それぞれの方法に適した道具と仕掛けが必要になる。川と湖では異なるし、大きな川と小さな川でも異なる。フライも大きいものから小さいものまでいろいろある。湖や大きな川で大物を狙うのであれば道具も仕掛けも大きくなるし、小さな渓流では道具も仕掛けも小さくなる。

フライフィッシングは英国発祥だけれども、その道具と仕掛けには日本の自然条件、それにおそらくテンカラの影響もあって、日本独特の繊細な進化が見られる。軽さ、しなやかさ、扱いやすさなどについての、改善や工夫が施され、日本の工業製品の特質が釣り道具に現れている。

テンカラ釣りの仕掛けは、竿と毛鉤と釣り糸だけの、フライのそれに比べると至って簡素なものだ。テンカラの竿は、昔は竹だった。もっと昔は唐松の枝を使っていた。いまは炭素繊維（カーボンファイバー）製のものが一般的である。硝子繊維（グラスファイバー）でできたものもある。竿の長さは三・三メートルを標準に、釣り場となる川幅と好みに合わせて、それよりも短いのも長いのも選ぶことができる。毛鉤は鳥の羽や毛糸などを釣り鉤に巻いたもので、好きなひとは自分で作るが、釣具店で完成品を買うこともできる。昔の釣り糸は、道糸に馬素（馬の尻尾の毛を編みこんだものでバスと読む、馬尾毛とも書く）、先糸は蚕の繭から紡いだ絹を使っていたが、いまはナイロンなどの合成繊維で撚られており、その素材は日進月歩で開発されている。

テンカラは日本独特の毛鉤の釣りの方法である。川に竿を突き出して、毛鉤を水面あるいは水面下で、糸を操って羽虫を模した毛鉤を動かしていると鱒が飛びついてくる。もともとは鮎を釣るために発明された方法で、その起源は十二世紀頃まで遡るらしい。テンカラの語源にはさまざまな説があるが、その名称を広めたのはテンカラ釣り師で随筆家でもあった山本素石だと言われている。山本素石は一九一九年（大正八年）滋賀県に生まれ、太平洋戦争からの復員後、家族を養うために京都の絵師に弟子入りをして、その師匠とともに行商で山里を訪れその合間に釣りをするようになった。絵の師匠が釣りの師匠にもなって、やがて釣りの合間に行商をするといった案配になり、そうして二人で旅をしながら、京都北山、紀伊半島、滋賀、中国地方の山あいの川を釣り歩いた。戦後の混乱期で食糧難の都市よりも、食料の自給力のある農村や山村がむしろ商売に成ったのである。

「諸国を旅しておる京都の絵描きですが、今回ご当地に参りまして、皆さまのお役に立つ絵ならなんでも描かせていただこうと存じます」と口上を述べ、帯や着物、色紙や短冊の見本を広げて見せると、戦争中箪笥に寝かせてあった古着や無地の帯に意匠づけを求められた。昭和二十年代の終わり頃まで、地方をこまめに歩けば、更生衣料の上物に絵付けをする仕事が行く先々にあって、言い値で注文が取れたのだという。

素石は師匠が亡くなってからも釣りの旅を続けた。日本が高度経済成長期を迎えると、自動車が普及して山奥まで道路が整備されて、福井県や岐阜県にも釣りにでかけるようになり、さらに九州から東北、北海道まで足をのばしてそれを随筆にした。そうしてトバシ、タタキなどと呼ばれていた釣り方を、その随筆でテンカラと呼び世に広めたのである。

木曽あたりでは昔からその呼び名だったともいうが、素石が十人十色のその釣りの仕方を「10color」つまりテンカラともじったのだという説がある。てんで駄目、からっきし釣れないからテンカラという説もある。山女魚が毛鈎を銜えたときにあわせが悪いと外れてしまうから、てんで空振りのテンカラという説。毛鈎を天から降るように落とすからテンカラという、英語で「from heaven」と訳される、神秘的な雰囲気の漂う説もある。

素石の随筆は何冊か出版され、釣り好きの作家開高健との共著もある。一九八八年（昭和六十三年）に六十八歳で素石が歿した後、それらの著作はすべて絶版になったが、その何冊かが近年復刊されている。素石よりもひとまわり年下の開高健はルアーの釣りで、大物の淡水魚を求めて世界各地を歩き、それを紀行文にして人気を博したけれども、素石の亡くなった翌年に五十八歳で歿した。

筆名に釣り好きであることを示した井伏鱒二（本名井伏満壽二《いぶしますじ》）は、釣りのことをたくさん書いているけれども、テンカラ、ルアー、それにフライフィッシングなどの疑似餌には余り馴染みがなかったようで、その釣りは餌釣りであった。一八九八年（明治三十一年）生まれの井伏翁は長生きをして、何歳まで釣りをしていたのかは定かではないが、九十五歳で歿した。釣り好きはいくつになっても釣りに行きたいはずである。老いて釣りに行けなくなっても、夢のなかで一尾また一尾と、魚を釣り上げたのかもしれない。

幸田露伴も釣り好きであった。露伴は夏目漱石、正岡子規、尾崎紅葉、斎藤緑雨と同じ慶応三年の生まれの文豪である。私は緑雨には親しみがないけれども、漱石、子規、紅葉、露伴なら十代の頃から読んで知っている。二度、三度読み返した作品も少なくない。

江戸浅草下谷生まれの神田育ちであった露伴は江戸前、いまでいう東京湾の釣りが好きで、黒鯛釣りや鱚釣りのことなどを書いている。鱒釣には興味がなかったようだ。露伴は関東大震災まで向島、戦争で長野に疎開するまで小石川に暮らした。小石川の家が戦禍で焼失して、戦後東京に戻れずに最晩年は千葉の市川で過ごし、一九四七年に八十歳で歿した。向島に暮らしていた四十代の半ば頃に京都帝国大学の講師として招かれたが、あまり性に合わなかったらしく一年足らずで職を辞してすぐに東京に戻った。その理由を冗談めかして「京都は山ばかりで釣りができないから」と言った。釣りばかりではなく東京の川の流れにも愛着が強かったらしく、随筆『水の東京』に「東は三枚洲の澪標《みおつくし》遥に霞むかなたより、満潮の潮に乗りてさし上る月の、西は芝高輪白金の森影淡きあたりに落つるを見ては、誰かは大なるかな水の東京やと叫び呼ばざらん」と書いている。

江戸っ子の露伴にとっての東京は、東は江戸川、西は高輪品川あたりまでのことで、隅田川がその中心であった。

東京広しといへども水の隅田川に入らずして海に入るものは、赤羽川と汐留堀とのほか幾許もなし。されば東京の水を談《かた》らんには隅田川を挙げて語らんこそ実に便宜多からめ。けだし水の東京における隅田川は、網における綱なり、衣における領《えり》なり。まず綱を挙ぐれば網の細目はおのづから挙がり、まず領を挙ぐれば衣の裙裾《すそ》はおのづから挙がるが如く、先づ隅田川を談《かた》れば東京の諸流はおのづから談《かた》りつくさるべき勢いなり。(『水の東京』)

釣りの楽しみの一つに自然の風景がある。明治の頃の隅田川には野趣があって、釣り人のそれを十分に満たしていた。

尾久の渡は荒川小台村と尾久村との間を流るゝ処にあり。このあたりは荒川西より東にながれて、北の岸は卑湿《ひしゅう》の地なるまゝいと荒れたれば、自然の趣きありて、初夏の新蘆《しんろ》栄ゆる頃、晩秋の風の音に力入りて聞ゆる折などは、川面の眺めいとをかしく、花紅葉のほかの好き風情あり。鱸その他の川魚を漁する人の、豊島の渡よりこゝの渡にかけて千住あたりまでの間に小舟を泛めて遊ぶも少なからず。蚊さへなくば夏の夕の月あかき時なんどは、特《こと》に川中に一杯を酌みて袂に余る涼風に快なる哉を叫ぶべき価ある処なりといふ。（『水の東京』）

向島に暮らしていた頃によく釣りをしていたらしく、六十歳を過ぎてから書いた短篇小説『蘆声』にそのことが書いてある。その頃の「自分」は思い返せば、十二分の幸福というほどではなかったけれども安定した穏やかな日々を過ごしていた。早朝に起きて九時頃までに仕事を終えて、その後は落ち着いた気分で読書をしたり、客と歓談したりする。午後は散策に出かける。近くに川があったのでそのうち釣りをするようになった。それこそ毎日のように中川に出かけた。

中川沿岸も今でこそ各種の工場の煙突や建物なども見え、人の往来《ゆきき》も繁く人家も多くなっているが、その時分は隅田川沿いの寺島や隅田の村々でさえさほどに賑やかではなくて、長閑《のどか》な別荘地的の光景を存していたのだから、まして中川沿い、しかも平井橋から上《かみ》の、奥戸、立石なんどというあたりは、まことに閑寂なもので、水ただ緩やかに流れ、雲ただ静かに屯《たむろ》しているのみで、黄茅白蘆《こうぼうはくろ》の州渚《しゅうしょ》、時に水禽の影を看るに過ぎぬというようなことであった。釣も釣でおもしろいが、自分はその平野の中の緩い流れの付近の、平凡といえば平凡だが、何ら特異のことのない和易安閑たる景色を好もしく感じて、そうして自然に抱かれて幾時間を過すのを、東京のがやがやした綺羅《きら》びやかな境界に神経を消耗させながら享受する歓楽などよりも遥に嬉しいことと思っていた。そしてまた実際において、そういう中川べりに遊行したり寝転んだりして魚を釣ったり、魚の来ぬ時は拙な歌の一句半句でも釣り得てから帰って、美しい甘い軽微の疲労から誘われる淡い清らな夢に入ることが、翌朝のすがすがしい目覚めといきいきした力となることを、自然不言不語に悟らされていた。(『蘆声』)

ある日いつものように釣り場へ行くと、お定まりの場所に薄汚い恰好をした十二、三歳くらい少年が座って釣りをしていた。そこは「自分」がいつも釣りをするところで、そのための工夫もしてあると、言ってみるが少年は譲ろうとしない。はじめ少年は意地を張ったような頑な態度であったのだが、話をするうちになごみやがて場所を譲ってくれる。少年は素直な性分であるらしい。「自分」が座って釣り始めるとはたして鱸が釣れた。それを少年は見ている。まだ釣りに慣れていないようである。自分は鱸を釣り、少年は鮒を釣り上げる。夢中になって釣りをしているうちに、ふと少年を見るとどこか悲しげなようすである。聞けば少年は母親に言いつけられて釣りにきたのだという。母は継母なのである。不味い魚をもって帰ってくるんじゃないよ、と継母に言われている。鮒が釣れても喜べないわけである。「おっかさんに苛められるのか」と尋ねると、「おれが馬鹿なんだ」と涙目で答える少年の気働きに「自分」はいたく感心し、また深く同情して、鱸を二尾分け与えた。少年は言葉少なに感謝の意を示すのであった。日が傾き釣りが終わると、夕風が涼しく吹くなかを中川の堤で別れて少年は川上へ、「自分」は川下へ向かうのだが、なんとなく気になって少年の後ろ姿を見送ると、少年もまた振り返って遠くからこちらに頭を下げた。その翌日も、翌々日も同じところに釣りにでかけたが、もう少年に会うことはなかった。それから三十余年が過ぎた。今でもときどきその日その場の情景が思い返すことがある。そしてあの少年は、社会に対して理解のある立派な紳士として存在しているに違いないと思う。

二　英国の釣り師

日本に古くからある毛鉤について、明治時代のいわゆるお雇い外国人であった英国人バジル・ホール・チェンバレンは、その著書『日本事物誌』(Things Japanese)で、日本独自の魚獲りの方法として簗漁、地引網などとともに日本の毛鉤釣りを次のように紹介している。

西欧の釣り師のそれとはまったく異なる、日本の毛鉤もまた愛好家（英語ではsportsman）の興味を引くに違いない。英国人の目にその独特の毛鉤の釣りは粗野（rude）に映るかもしれないが、これがよく釣れるのだ。（『日本事物誌』筆者訳）

フライフィッシングとテンカラの決定的な違いはリールの有無である。テンカラにはリールがなく、立ち位置から竿と糸の長さを足した五、六メートルの範囲内の魚を狙うが、フライフィッシングのリールに収まる釣り糸は三十メートルほどの長さがあるから、うまく投げれば遠くを狙うこともできる。現代ではテンカラの方がシンプルでむしろ合理的だと評価する向きもあって、欧米人のなかにも愛好家がいる。

先に引用したチェンバレンは釣り人のことを「sportsman」と呼んでいるが、これはチェンバレンばかりではなく、釣りに関する英国の古い書物を読んでいると、釣りは「sport」で、釣り人は「sportsman」と表現されている。今日われわれがスポーツと呼ぶ競技が確立する以前、十五世紀の終わり頃から十九世紀のはじめにかけて、スポーツは英国の特権的支配者階級としてのジェントルマンの、嗜みとしての狩猟を意味するもので、釣りもその範疇にあった。ジェントルマンは英国の伝統的、特権的支配者階級にある男のめざすべきあり方で、政治や経済に長けているだけではなく、余暇としてのスポーツにおいても、それにふさわしい技量や能力を備え、そして模範となるべき倫理規範に則っていなければならない。ジェントルマンは支配者階級にあって職務を遂行するときにはステーツマンであり、余暇を楽しむときはスポーツマンである。ステーツマンであることとスポーツマンであることはジェントルマンのコインの両面なのである。したがって政治的、あるいは経済的は成功を指向すれば、当然ながら余暇の嗜みとしてスポーツを志向することになり、狩猟（Hunting）、鷹狩（Hawking）、鳥撃ち（Fowling）、釣り（Fishing）に取り組むのである。

チェンバレンは、一八五〇年にイングランドのサウスシーに生まれて一八七三年から一九一一年まで日本に長く滞在し、英語を教えながら日本研究の著作を数多く発表した。チェンバレンが来日した一八七三年は明治六年である。まだ江戸時代の名残が色濃くあって、男は髷を結っていたし、既婚の女は鉄漿《かね》（おはぐろ）で歯を黒く染め眉を剃り黛で描いていた。明治天皇が率先して断髪し、皇后も鉄漿を剃いで黛を落として臣民に開国と近代化の範を示したのは、チェンバレンが来日したこの年のことであった。

「Note on various subjects connected with Japan（日本に関するさまざまな事物についての注釈）」という副題のあるこの『日本事物誌』には、AからZまでアルファベット順に日本に関する事物が並べられ、それぞれの項目についての注釈が書かれている。Aは Abacus 算盤、Abdication 退位、

Acupuncture 鍼、といった内容で、BにBlackening the teeth 鉄漿がある。DのDress 衣服の項には「日本男子の正装は刀を二本差し、月代に髷を結うものである。しかし、いずれも廃止された。公共の場での帯刀は一八七六年に法律で禁止され、上流階級の人々はそれに抗うことなく従った」と書かれている。Fの項目にFire 火事、Fire-Walking 火渡り、そしてその次にFishing 魚釣りがある。そこに前述の毛鉤のことが、籠釣り、簗、鵜飼、地引網などと併せて日本独特の魚の獲り方として紹介されている。

JにはJapanese people（Characteristic of the）として、日本人の身体的特徴が書かれている。

欧州の人種と比べると、並みの日本人は胴長短足で、頭が大きく傾向として下顎が突き出ており、低い鼻、粗い髪、薄い睫、太い眉、土気色の肌、それに身長が低い。男の平均的な身長は、欧州における女の平均的な身長とほぼ同じくらいである。女はさらにひとまわり小さい。

（『日本事物誌』筆者訳）

とある。そして、

美の概念は土地から土地によって異なるものだ。われわれ、アングロサクソンは、自分たちのことを均整のとれた人種だと見なしている。しかし、大半の日本人の目にわれわれは、赤ら顔の、毛深い、緑の目の大きな野蛮人に映るのである。(『日本事物誌』筆者訳)

と述べている。また「日本の女は総じて男よりも見栄えがよく、しかも振る舞いが可愛らしくて、声が魅力的だ」などとも書いている。日本人の身体的特徴に続いて、精神的特徴についても字数を多く費やしているが、フランシスコ・ザビエル以降の日本に滞在した西洋人の記述を多数引用し、日本人の特徴がその立場と見方によってさまざまであること、日本社会が封建社会から脱しつつあることを述べたあとに、

総括するならば、日本人に囲まれて暮らしたことのある人びとの一般的な見解は、利点として清潔であること、親切であること、そして洗練された芸術的感性の三つにまとめられる、欠点はすなわち、見栄を張ること、実務的ではない習慣、それに抽象的な概念を評価する能力がないこと、の三つである。(『日本事物誌』筆者訳)

とまとめている。
身体的特徴において日本人が西欧人をどう見るかと翻って一文を加えているように、精神的特徴においても、日本人の視点に立った考察を加えている。

さらにもう一つ、日本人がわれわれの特徴をどう思うかということについて、複数の教育を受けた人たちが仄めかしたことと、さらに興味深いものとして日本人の奉公人、――筆者は彼を何度も欧州に帯同しているのだが――、の率直で素直な感想を考え合わせると、渡航経験のある日本人がわれわれのもっとも顕著な特徴を三つあげるならば、不潔なこと、怠惰であること、そして迷信深いこと、になるらしい。(『日本事物誌』筆者訳)

その後に、英国人あるいは西欧人の読者の日本人に対する反感を招かないようにとの気配りか、日本人が西欧人の特徴をなぜそう捉えるのか、その解説をつけ加えている。一八九〇年刊行のこの『日本事物誌』は好評だったらしく、一九三九年の第六版まで版を重ねた。

チェンバレンは、当時英国の旅行案内本として人気のあった『マレー』の日本版『マレーの日本旅行案内(A Handbook for Travelers in Japan)』の執筆も担当しており、そのなかで日本の釣り場を次のように紹介している。

フライフィッシングには東日本、鮭と鱒に水温の適した東京以北がいいだろう。蝦夷では、東の遊楽部川、西の尻別がお勧めである。いずれも六月頃から良い季節になる。以前は札幌に近い豊平川で鱒釣りが楽しめたのだが、紡績工場の排水のせいで魚影が薄くなってしまった。蝦夷と本州北部の田舎を流れる川にはたいてい鱒がいる。蝦夷の湖には、青鱒と雨鱒もまた多数棲息している。成長すると赤身から白身に変わる鱒である。いずれもフライに貪欲に食いつき、二ポンドほどのものが釣れる。陸奥の周辺には渓相のいいところがあるから、一戸《いちのへ》での滞在がいい。ずっと南の鉄道に近い長木川も釣りの川である。東北の岩木川と能代川もいい。琵琶湖、中禅寺湖にも鱒がいる。五月、六月、七月、八月初旬頃までフライフィッシャーにとってはいい季節である。

釣りの対象となるのは鮭と鱒である。鮭は大型のサーモンで、秋から初冬にかけて大量に川を遡上する。北部の川ではいたるところに見られ、蝦夷ではその数が多すぎて烏や熊の餌食になってしまうほどだ。三十ポンドほどの大物もいるが、太平洋に流れるほかの川と同じでフライには反応しないし、スピニングベイトを追いかけることもないから釣りにはならない。年が明ける頃には東京のいたるところで、東日本産の鮭の燻製が店先に並ぶ。

鱒は何種類かあるが、すべてサケマスの仲間である。五月から八月にかけて川を遡上するが、その時期は水温によって異なる。水の温度が華氏五十五度から六十五度くらいまでが、最も良い状態である。華氏五十度以下になると釣れなくなる。八ポンドもあれば大きいほうで、通常は五、六ポンドほどである。鮎と山女魚は一回り小さいが、日本全土に分布していて頗る美味である。これをワームで釣る地域もあればフライで釣る地域もある。

タックルは一般的な鮭釣りのものに、明るい色の、とくにオレンジやイエローをふんだんにもちいたサーモンフライを使えばいいだろう。フライは、水面であまり反応がないから、沈めるほうがいい。ロッドは、引きが強く、広いプールも多いから、十六フィートくらいものが望ましい。中禅寺湖では、夏に船から六十フィートから七十フィートほどのラインを流しているとよく釣れる。コロラドスプーンのようなベイトも有効で、東京の京橋銀座一丁目の中村で買うことができるし、同店では日本製のラインなどの釣り道具も扱っている。

蝦夷を除けば、宿泊施設には不自由はしない。蝦夷での宿泊施設は粗末であることを覚悟しておかなければならず、人気のまったくないところも多いから、移動を前提とした野外活動をするならばテントを備えるべきである。(『マレーの日本旅行案内』筆者訳)

以上一九一〇年版の『マレーの日本旅行案内』からの引用であるが、陸奥、一戸、長木川、岩木川、能代川のいずれの名称もあて推量で訳したから、本来の場所とは違うかもしれない。特に長木川は「Nagagawa」と表記されていて、甚だ曖昧である。

『マレーの日本旅行案内』は、一八三六年に英国人ジョン・マレーが創刊した歴史のある旅行案内本で、欧州各国、アジア、アフリカなどの国と地域の案内本が出版されている。当時大英帝国はヴィクトリア王朝時代の全盛期で、経済的に豊かになった英国人はこぞって海外旅行にでかけるようになった。二十世紀後半に日本人、二十一世紀になると中国人が経済的発展とともにこぞって海外旅行にでかけるようになったが、英国人のそれは十九世紀初頭のことで、しかも釣竿と毛鉤を携えて海外旅行をする物好きがいたというわけだ。

この案内本は、一八八一年(明治十四年)から一九一三年(大正二年)の九版まで出ている。初出と第二版は英国の外交官アーネスト・メイソン・サトウの執筆によるもので、第三版からチェンバレンがそれを引き継いで改訂版が出された。先の釣りについての説明を引用した一九一〇年版は第六版である。釣りについての記述はサトウの執筆した第二版にはなく、チェンバレンが加筆したものである。第六版の構成は、冒頭に日本についての概略と地図、税関、郵便、通貨、土産物、狩猟、釣り、神道、仏教、歴史などについての記述がある（繰り返しになるが、サトウの第二版には狩猟についての記述はあるが釣りについては何も書かれていない）。そして日本語の単語と会話を含む日本訪問の心得、東日本、中日本、西日本、九州、北日本、蝦夷の地域別の案内が続く。例えば東日本は、横浜、横浜からの小旅行、横浜から東京へ、東京、東京からの小旅行、宮ノ下と箱根、伊豆半島、伊豆七島、富士山とその周辺、富士山麓の精進湖と上井出へ、秩父と三峯神社、東京高崎軽井沢鉄道、妙義山、軽井沢と浅間山といった内容である。九州は長崎とその周辺、雲仙と島原半島、長崎から中九州を横切り北東岸へ、祖母山登頂、長崎から門司へ、また、鹿児島とその周辺、桜島、霧島、開聞岳の火山、鹿児島から球磨川の急流を経て八代へ、とか、五島列島、対馬、釜山などが案内されている。神戸、大阪、京都、奈良はもちろんのこと、伊勢神宮、琵琶湖、熊野、敦賀から直江津、松江と出雲大社、四国の吉野川渓谷、松山から宇和島の西四国、北日本では若松から鬼怒川渓谷を経て日光へ、猪苗代から磐梯山と檜原峠を経て米沢へ、松島と金華山、等々今日人気の観光地がすべからく網羅されている。このマレーの旅行案内本は、一九一五年にフランスの出版社アシェット（HACHETTE）社の所有となり、その内容はブルーガイドに引き継がれた。

『マレーの日本旅行案内』の第二版まで執筆したアーネスト・サトウはチェンバレンよりも七歳年上で、一八六二年、文久二年に大英帝国の駐日公使館の通訳見習いとして来日し、一八八三年まで、途中帰国した時期もあるが、日本に滞在した。その後外交官としてシャム、ウルグアイ、モロッコの各国に駐在し、一八九五年から一九〇〇年まで駐日公使として再び日本に滞在した。その日本滞在は通算二十五年に及ぶ。西郷隆盛、大久保利通、伊藤博文、井上馨、高杉晋作、後藤象二郎、木戸孝充、大隈重信などの明治維新の舞台に登場する多くの人物と相見て、その著作で日本の歴史の証人となった。駐日公使そして駐清公使を経て、一九〇六年に帰国し、引退後はイングランド南西部のデヴォン州で著述に専念して一九二九年に八十六歳で歿した。晩年は日本への郷愁と孤独に苛まれたという。サトウには日本人女性との間に子供があった。サトウが晩年を過ごしたデヴォン州のオッテリーセントメリーには、釣りのできるオッテール川が近くにあるが、サトウは釣りを趣味としなかった。釣りは孤独を癒しはしないけれども、釣りをしている間は孤独に向き合うことができる。

一方チェンバレンは、一九一一年に日本を離れてその余生をジュネーブで過ごし、一九三五年に八十五歳で歿した。スイスでもおそらく釣りを続けたのではないか。

フライフィッシングの道具と方法についての呼称は日本語に置き換えずに英語のまま、例えば竿をロッド、釣り糸をライン、鉤素をティペット、釣り鉤をフックなどという。やはり英国発祥のゴルフやテニスなどの他のスポーツと同じ事情である。英国はフライフィッシングだけでなく、ゴルフ、ローンテニス、サッカー、ラグビー、アーチェリー、それにボクシングなどの近代スポーツの発祥の地である。英国の人々は遊び心を形式化して規則を作るのが得意らしい。大西洋を渡った彼らの子孫も、新大陸で、野球、バスケットボール、アメリカンフットボールなどを編み出した。人生そのものがそうであるように、遊びにも適度な緊張感と達成感があるほうが面白い。ゴルフもテニスもサッカーも野球も、整った様式と厳しい規則があるからこそ面白い。観るものにも緊張と興奮が伝わるから商売にもなる。そうしてもともとは遊びだったことに若者が人生をかけるようになった。

三　転勤

私は高校卒業後、大学に通うために郷里の熊本から上京して、それからずっと東京で暮らしているのだが、三十代半ば頃、当時勤めていた会社で転勤になって栃木県の宇都宮市で二年半を過ごした。釣りを始めたのは宇都宮で暮らしていたときのことである。

大学を出て就職し、働いて税金を払うようになり、結婚して子供が二人できた。東京での暮らしにはすっかり慣れたけれども、都会の慌ただしい毎日に倦むところもあり、宇都宮への転勤が決まったときには地方で暮らすのも悪くないと思った。宇都宮の勤務先は公共交通機関で行くには不便なところにあったから、自家用車で通わなければならなかったが、通勤電車から解放されてむしろありがたかった。

その通勤路の途中に、田圃のなかを通る真っ直ぐな道がある。国道の渋滞を避けて通る抜け道で、一面に田圃の広がる農道である。ある朝、その農道の、まわりを広々とした田圃に囲まれた場所で、ふと車を停めて降り立った。何度かそこを通るうちに、そうしてみたくなったのだ。稲の切り株が冬を越した田圃には、緑の雑草が芽生えている。遠くには日光の男体山が見える。その景色のなかで深呼吸をすると、季節の移り変わりが、思い浮かんでくるのだった。もうすぐ蓮華草の花が咲くだろう。梅雨には水田にお玉杓子が泳ぎ、あちらこちらから蛙の鳴声が聞こえてくる。夏になると、稲穂を揺らして通り過ぎる風が目に見えるはずだ。そういう景色のなかで私は育ったのである。

釣りを始めたのは、転勤先の職場に居たO君に誘われたのがきっかけだった。O君は地元栃木の人で、生まれてからずっと栃木で暮らしている。私よりも六歳年下だけれども、当時すでにフライフィッシングの相当な経験者であった。

春に転勤して、O君から釣りに誘われたのは夏の終わりだった。職場で出会ったO君と世間話をするようになって、断片的ではあるもののお互いのことを知り、二人で釣りに行くまでに半年ほどかかったことになる。

ある日、世間話の合間にO君が私に趣味を尋ねた。

「趣味ねえ」

私は答えあぐねて、

「O君は?」

と、訊きかえした。

私には人に趣味といえるようなものがなかった。質問に質問で返すのは不調法だけれども、正直に無趣味だとも言えないくせに、気の利いた答えも見つからなかったのだ。

「週末には野球やバレーボールをやりますが、冬にスキーに行きます。それと、釣りですね」

O君はそう言いながら、右手でゆっくりと何かを投げる真似をした。

「釣りって、何を釣るの?」

「鱒を釣ります。フライフィッシングです」

「フライフィッシング?」

O君がまた右手で何かを投げる真似をしたそのとき、頭のなかで突然何かが閃いたように感じた。

このときの閃きについて後になって考えると、私は何か趣味を持ちたいと思っていたのに違いなかった。いつの頃からか、就職してからであったか、結婚をしてからか、子供ができてからか、心のどこかでずっとそう思っていたのだ。これから生きていくのに、仕事でもない。家庭でもない。子育てでもない。何かに役立つとか金になるということではなく、それが何かははっきりしないのだが、何かを求めているように漠然と感じていた、その何かがこのとき閃いたのだ、と思う。私個人はそれを趣味という一言で片づけてしまうことに抵抗を感じるのだが、社会的にはそれは趣味としかいいようがないものである。

「先週、湯西川で尺岩魚が釣れましたよ。これくらいのやつ」

O君は両手の間でその大きさを測るような仕草をした。

「面白い？」

「面白いです。難しいですけどね。道具も必要だし。やってみますか」

いろいろと道具が必要ことは漠然と知っていた。胸まである長靴を履いて、釣り道具の入ったベストを着て、帽子をかぶる。帽子にもいろいろある。ベストの下にはダンガリーシャツが似合いそうだ。しかし、フライフィッシングの道具を実際に見たことも、触ったこともなかった。

「まずはキャスティングですね。キャスティングができないと、釣りになりませんから」

O君はまた右腕をあげて、釣竿を振る真似をした。釣竿を振って、フライを遠くに投げることをキャスティングという。

「難しい？」

「仕事が終わったら、駐車場でやってみましょうか？」

何気ない会話であった。私は平静なつもりだったのだが、ずっと後にO君はこのときのことについて、私がフライフィッシングに興味を持っていることが手にとるようにわかって、誘わないのが悪いような気がしたと言った。思い返してみると、釣りの話をしているだけなのにすでに気分が昂揚していたし、その昂揚感は実際に釣りに行って感じるのと同じようなものなのだった。

「道具、あるの？」

「車にいつも積んでありますから」

「なるほど」

その日早速、仕事の後にO君の指導でキャスティングの練習をした。

O君のワンボックスのミニバンには、何本か釣竿の入ったロッドケースと、その他の釣り道具が積まれてあった。O君は、それが一般的に渓流で使う大きさのものなのだと後に説明してくれたのだが、スリーピースのフライロッドをケースから出して組み立てた。渓流で使うロッドの長さは通常七フィートから八フィートほどである。ロッドの長さはメートル法ではなく、英国式にフィート法で表示されている。

O君はフライロッドを組み立てると、そのつなぎ具合を確認するように軽く振って、それから私に差し出した。それを振ってみると、驚くほど軽くてしなやかだった。

「柔らかいね。素材はなんだろう」

「カーボンファイバーです。もっと硬めのものもあるけど、おれはどっちかというと柔らかいほうが好きですね」

私がロッドの感触を確かめている間に、O君は釣り道具の入ったバッグの中からフライボックスを取り出し、それを開けて見せた。

「これがフライです」

自分で作ったのだという毛鉤がぎっしり入っている。なるほど、蜉蝣や飛螻蛄のような虫が並んでいるように見える。その一つをO君はそっと摘み上げた。

「カディスといいます。飛螻蛄を真似た毛鉤で、箆鹿（ヘラジカ）の毛で作ってあるから、エルクヘア・カディスといいます」

そのエルクヘア・カディスにも、何通りかの大きさがある。O君のフライボックスにはその小さいものから大きいものが順に並んでいる。

フライは、鳥の羽や動物の毛を釣り鉤に糸で巻きつけて作るものだが、水棲昆虫は一生のうちに何度か姿を変えるから、毛鉤もそれぞれの形態を模したものがある。飛蝼蛄は幼虫、蛹、そして成虫へと姿を変え、蜉蝣は幼虫から、亜成虫、そして成虫になる。フライにも翅を広げた成虫を模したもの、蛹を模したもの、幼虫のそれぞれを模したものなどがある。成虫は水面に浮かべて使うことが多いし、蛹が羽化したところを模したものは水面下で使い、幼虫は水中に沈めるのである。水面に浮かべるものをドライフライ、水中に沈めるものをウエットフライ、幼虫を模したものをニンフという。

私はO君にフライロッドを戻した。

O君はフライロッドにリールを取り付けると、鮮やかな黄色のラインを引き出した。リールが回転して軽い金属音を立てた。ラインは水面でよく見えるように黄色、白色、オレンジ色などの、光沢のある鮮やかな色をしている。

「ラインをこのガイドに通します」

キャスティングには、ロッドとラインの組み合わせが重要である。

キャスティングは実際のところフライを投げるのではなく、リールからラインを、その重さを利

用して、できる限り長く引き出すのである。フライを遠くに投げるためには、ロッドからラインに、鞭をしならせるようにその力を伝えなくてはならない。ロッドを前後に振りながら、ラインをしならせながらリールをできるだけ長く引き出して、その先端にあるフライを狙ったところに落とすのである。

フライフィッシングのロッドとラインは、米国毛鉤釣商組合（AFFTA American Fly Fishing Trade Association）の規格に沿ったものが多い。規格はロッドに適したラインの重量を定めたもので、一番から十五番まで番号が大きくなるほど重くなる。例えば三番ロッドには三番ラインを、七番ロッドには七番ラインを組み合わせるのである。ラインは水に浮くもの、沈むものがある。沈むラインには早く沈む、ゆっくり沈むもの、先端だけ沈むものなどあって、フライを浮かべるか、沈めるのか、浅く沈めるのか、深く沈めるのかで使いわけるのである。

日本の渓流では三番か四番、湖では六番か七番あたりの組み合わせが一般的に使われている。ラインの標準的な長さは三十ヤードで、うち先端から十ヤード分の重さがその基準になっていて、重さはグレインで表示される。一番は六十グレイン（三・九グラム）、二番は八十グレイン（五・二グラム）といった具合で、五番なら百四十グレイン（九・一グラム）、十番が二百四十グレイン（十八・一グラム）、十五番は五百五十グレイン（三十五・六グラム）である。キャスティングのときにラインの重さがロッドの先端にかかるから、番手が大きくなるに従ってロッドは頑丈で、重く、硬く、太く、そして長くなる。ロッドは短いもので六フィート、長いものは十三フィートほどである。ロッドを頭上で掲げて前後に大きく振り、ラインをその重さで伸ばすことをフォルス・キャスティング（false casting 適当な訳をおもいつかない）と呼ぶ。このフォルス・キャスティングのときのラインの長さがおよそ十ヤード、九メートルほどなのである。そしてフォルス・キャスティングをしながら狙いを定めてラインを放つのである。

六番くらいまでのロッドなら片手でキャスティングができるけれども、七番よりも大きなロッドは両手でキャスティングすることが多い。両手を使う大型のロッドには、スコットランドのスペイ川で編み出されたスペイ・キャスティングという方法もある。ロッドを頭上で振るのではなく、長く伸びたラインを水面から引き剝がすようにして後方で緩やかに円を描いて撓らせ、前方に投げ返すのである。

O君はキャスティングの練習のために、フライの代わりにティッシュペーパーを小さく丸めて、ティペットに結んだ。フライを結ぶ極細の鉤素《はりす》糸をティペットという。ラインにはリーダーという透明な道糸をつなぎ、そのリーダーにティペットを継ぎ足して、ティペットの先端にフライを結びつけるのである。

準備が終わると、O君はキャスティングをして見せた。

私もやってみたが、なかなかうまくいかない。ラインの重さで投げるこつがつかめずに、ロッドを振り回してしまう。時計の十時と二時の間で、前後に振るのだとO君は言った。私の練習をO君は煙草を吸いながら見ていたが、そのうち

「もっと大きく」

とか、

「もっと高く」

と、私の動きを正した。

何度かキャスティングを繰り返すうちに、それらしくなってきた。

「こんなものかな」

「そうですね」

「釣れるかな」

私がロッドを振る真似をすると、O君は笑って、

「なかなか釣れないと思いますけど」

「釣れるとしたら、何が釣れるかな」

「山女魚が釣れるといいですけどね、よく釣れるのは虹鱒ですね」

那珂川で先週桜鱒が釣れたらしい、とO君は言った。

「おれは釣ったことないですけど」


那珂川は那須岳の源流から黒磯市を抜けて南に向い、栃木から茨城を横切って太平洋に流れだすおよそ百五十キロの川である。そうして夏の終わりに、私はO君の案内で那珂川に行き、生まれて初めてフライの釣りをした。しかし、一日中フライロッドを振り続けても、私には一尾も釣れなかった。O君は山女魚と虹鱒を何尾か釣った。日暮れになって竿をたたむと、

「今日は、駄目でしたね。来週も行きますか」

と、O君は言った。

私はその日と前後して、やはりO君から教わって、フライを巻き始めた。フライは作るといわずに巻く、という。鉤に鳥の羽や動物の毛を糸でぐるぐると巻きつけるのである。英語ではtyingという。フライには、ドライ、ウエット、ニンフ、ミッジ、イマージャー、ストリーマー、などがあって、それぞれに適した鉤と素材を使う。釣り始めの頃に巻いたのはもっぱらドライフライである。ドライフライの素材には、ハックルと呼ぶ雄鶏の首回りの羽、エルクヘア、ディアヘアなどの鹿の

毛、子牛の尻尾カーフテイルなどの浮力のある鳥獣の羽や毛を用いる。そうした素材が商品になっていて、安くはないのだが、もう買わずにはいられない。初めて釣りに行ってから、頭の中は釣りのことばかりである。フライの材料になる素材を買い、フライのタイイングの教本を買い、何本も巻いてみた。そうして巻いたフライを、キャスティングして、じっと見つめていると鱒が釣れるような気がして、釣りに行きたくなるのだった。

O君との二度目の釣行は箒川であった。箒川は、塩原の温泉街を流れる那珂川の支流である。なにしろ魚の数が多い川なのだとO君は言った。O君は私の釣果を気にしていた。栃木の川は九月下旬から三月中旬まで禁漁になるから、ここで釣っておかないと、私の最初の一匹は、春まで待たなければならなくなってしまうからである。

「必ず釣れる川ですから」

O君は、私たちが那珂川に行ったその同じ日に、箒川で面白いように山女魚が釣れたのだと、釣り仲間のAさんから聞かされたのだという。那珂川で桜鱒があがったと、O君に言ったのもAさんであった。

箒川には、O君の釣り仲間のそのAさんも一緒だった。事前にO君から、Aさんと一緒でもいいだろうかと訊かれたのだが、私には断る理由がなかったし、むしろ上手な人の釣りを見てみたいという気持ちもあった。

「Aさんは、釣りが上手いんだろうね」

「上手いですけどね。お手本になるかどうか」

Aさんは釣りの上手な人である。その後、Aさんとも一緒にするようになるのだが、O君はAさんの釣りについて、何か釈然としないものを感じているらしかった。

O君のワンボックスで箒川に行く途中Aさんを拾ったのだが、そのときはまだ暗くて顔は見えなかった。O君が運転する車の、助手席にAさんが乗り、私は後部座席に座った。

車中、釣りの話をしながら、Aさんと私は、自己紹介とまではいかないながらも、互いに自分のことについて話した。Aさんは、廃棄物の処理を仕事にしているということで、もともと東京の人らしかった。

目的地に到着すると、O君は川沿いの道のあるところで速度を落として、Aさんに尋ねた。

「ここらあたりですよね」

「そう、あそこ」

Aさんの指示した道路沿いの小さな空き地に、O君は用心しながらゆっくりと車をとめた。目印になるようなものは何もない。知らなければ通り過ぎしてしまうような、しかも崖からタイヤがはみだしそうな狭い場所である。

車から降りると、早速釣りの支度をした。空が明るくなっていた。初対面のAさんをあらためて見ると、声の雰囲気から感じていたよりも、小柄でがっちりした体格の、大人しい感じのする人であった。

それぞれに準備が整うと、道路のガードレールの切れ目から、崖の斜面をおりた。急斜面の茂みを、三人一列になって、滑り落ちないように気をつけながら降りていった。先頭にO君、Aさん、そして私の順である。平地に降りて、葦をかき分けてしばらく進むと川に出た。

川のそこかしこに、大小の岩がある。それらの岩を足場にしながら、川の下流に向かって進んだ。あるところで、川を横切らなければ進めなくなった。五メートルほどの川幅である。

まず、O君が川に入った。途中、O君の腰あたりまで深くなっている。

「けっこう深いですね。前に来たときは、もっと浅かった」

O君が渉りきってから、Aさんはロッドを両手で高く持ち上げて川に入った。

「うわ、これは。用心しないと」

Aさんは、振り返って私に言った。

Aさんが向こう岸に着いてから、私も両手でロッドを持ち上げて川に入った。川のなかほどの深いところは、五、六歩で過ぎるのだが、思ったよりも流れが速く、倒れそうになる。O君とAさんは、私が渉りきるのを見ていた。

「これ以上水かさが増したら、ここは、もう無理だな」

と、Aさんが言った。

それから、岩場の浅瀬を下流に向かってさらに進んだ。そして、川がくの字に大きく曲がる、開けた場所に出た。三人の立っているのは、くの字になった川の内側で、そこから対岸に向かって深くなっている。しかも後方はキャスティングをするのに十分な広さがあって、絶好の釣り場である。

「よおし、釣るぞ」

Aさんのキャスティングは、初心者の私から見ても個性的であった。目標に対して真横を向き、両手両足を大の字にしっかりと広げる。まるで弓を引くような構えである。右手にロッドを持ち、左手にラインを持って、両手を大きく広げ、素早く振る。二度か、三度振っただけで、ラインはしっかりと伸びきって、フライが狙ったところに飛んでいく。力強い動きである。

三人、それぞれ間隔をおいて、キャスティングを始めた。

私は、自分で巻いたメイフライのパラシュートを使うことに決めていた。O君が最初に釣り上げた。O君、Aさん、私の順に一定の間隔で並んでいたから、O君と私は離れていたが、それでも釣られた鱒の水面を跳ねる音がよく聞こえた。

「山女魚」

と、O君は言った。

それから間もなく、Aさんが「来た！」と言って、やはり山女魚を釣り上げた。いずれもドライフライである。

私は丁寧なキャスティングを心がけた。流れの芯が、川の手前側のすぐ届くところに一つ、それから川の中央に一つ、そして川の向こう岸にも一つある。奥の深い流れの下には間違いなく鱒がいる。何度目かのキャスティングで、フライがうまく流れに乗ったと思って見つめていると、突然鱒が現れた。私は慌ててロッドを引いた。するとしっかりと手応えがあって、鱒がラインを引っ張った。

「お、きた」

と、隣に立っていたAさんが言った。その向こうから、

「ロッドを立てて！」

O君が大声で私に言った。その声に、私はロッドを立て、ラインを引いた。心臓が高鳴った。どういうふうにして取りこんだものかと不安を感じたけれども、ネットの中にちゃんと山女魚が納まっていた。

「やった」

私は思わず大声で叫んだ。

「やったやった」

滅多にない味わえない興奮と歓喜である。

「良かったですねえ」

と、O君が笑顔で言った。いつの間にか、私のすぐ傍に来ていたのである。

私は頷いて、自分で釣り上げた山女魚を見た。山女魚には、パーマークと呼ばれる小判状の独特の紋様がある。私はその山女魚の姿をじっくりと見て、そしてO君に教わった通りに、両手を水で冷やしてから、川にそっと帰した。

初めて山女魚を釣ることができて、私は興奮していた。また釣りたい、釣れるはずだと、一心にロッドを振り続けた。そうして一日が終わってくたくたになったけれども、私が釣り上げたのは朝の一匹だけだった。

それからすぐに秋になった。

せっかく釣りを始めたのに、禁漁期に入って川に行けなくなった。O君は私を管理釣り場に案内してくれた。栃木県には、小さな湖や池で鱒が釣れる管理釣り場がいくつかある。言ってしまえば釣り堀だけれども、四、五十センチの大きな虹鱒が釣れることもある。

職場でO君と釣りに行く相談をした。その頃O君は二人目の子供が生まれたばかりだったので、なかなか都合がつかず、私はひとりで釣りに行くようになった。私が妻に相談をして誕生祝を贈ると、O君は内祝いだといって大晦日に餅を届けてくれた。毎年年末に親兄弟で集まり、臼と杵で餅つきをするのらしい。

O君の子供は二人とも男の子である。

「できればもうひとり、女の子が欲しいんですが、おれの稼ぎだとちょっときついかな」

と、O君はそんなことを言った。

O君は大きな屋敷に住んでいた。大谷石で作られた塀越しに、手入れの行き届いた庭木が見えたし、蔵もあった。両親と同居しているのだという。

「僕も、もうひとり欲しいなとも思ったけど、もう無理かな」

「まだまだいけるじゃないですか」

とO君は笑って言った。

O君は私と二人で釣りに行くときは、よく子供の話をしたが、Aさんが一緒のときはしなかった。

「Aさんは、子供がいませんから」

「できないのかな？」

「作らないのだと言ってました」

「奥さんはどこの人なんだろう？」

「わかりません。聞いたことがないから」

Aさんは自分のことをあまり話さなかった。東京のどこの出身なのか、いつから栃木に来て暮すようになったのか、と、訊ねてみたことがあるが、それに答えるだけで話題を変えてしまうから、余り話したくないのだろうと察せられた。Aさんはけっして無口ではなく、むしろ話好きなのだが、いつも釣りの話だけである。

「いろいろと事情があるらしいです」

とO君は言った。彼のそういうところが私には好ましかったのではあるが、O君は他人のことを詮索することがなく、噂話をすることもなかった。

渓流の釣りは、ポイントを狙って何度か攻めたら次のポイントへと移動していくが、管理釣り場ではずっと同じ場所で釣り続ける。景色と水の流れに変化がないせいか、数を釣りたくなってくる。しかも五十センチを超えるような虹鱒が悠々と泳いでいるのが見えるから、そういう大物を釣りたくなる。

管理釣り場での釣りのスタイルはさまざまで、ヘビータックルの人もいれば、ライトタックルの人もいる。フローティングラインの人もいれば、シンキングラインの人もいる。フライフィッシングのいろいろな釣り方を試すことができる。

私は、ロッド、リール、ラインを何本か買った。他にもフライを巻くための材料や小道具も買った。そうして釣り道具がだんだんと増えた。

妻は私のそうした出費に不満そうであった。しかし東京に暮らしていた頃使っていた飲み代、タクシー代、スポーツジムの費用とあまり変わらない。

「それはそうかもしれないけど。でも、釣りばっかりして」

それも違っている。実際には栃木にきて家族と過ごす時間は増えている。

「釣りをして、何かから逃げているみたい」

私は驚いた。妻にそんなことを言われたのは初めてだった。

「それ、どういう意味？」

「うまくいえないけど、そんな気がする」

問い詰めると妻は曖昧なことを言うばかりで私は腹が立った。自分が凡庸な人間だと言われているような気がしたのだ。実際私は凡庸な人間ではあるに違いないが。

「ごめんなさい。そういうつもりじゃなくて」

それ以来、妻は私の釣りに口を出さなくなったがわだかまりは残った。私はますます釣りにのめりこんでいった。

それでも私の釣り道具はO君やAさんに比べるとまだ少なかった。Aさんは釣り道具をとても大切そうに扱った。Aさんのタックルはどれも高価なものらしかった。

「子供もいないし。Aさんはぜんぶ釣りにつぎこむから」

とO君は言った。

Aさんは、あるフライフィッシングの同好会に所属していて、その会に加入しないかと、O君と私を誘うことがあった。O君はずいぶん前から誘われているらしかった。

同好会には数十人の会員がいて、栃木、茨城、埼玉、そして東京にも会員がいるということだった。定期的に釣り場で集まる。釣り場でバーベキューをする。そしてバーベキューを食いながら釣りの話をする。もちろん釣りもする。釣果を自慢する。親交を深める。会報を作る。鬼怒川で山女魚の放流もするということだった。

せっかく誘ってくれるのだからと私は思ったのだが、O君にはその気がなさそうだったから、Aさんが同好会の話をすると、いつも曖昧に濁した。

Aさんは、この同好会のことと、同好会の会長のことをよく話題にした。

「会長の釣りは凄い」

Aさんが会長と呼ぶその人の釣りはある境地に達しているらしく、釣りをするときに自分の気配を消し去ってしまうのだという。自分の気配を消し去ってしまえば鱒に気づかれることがない。ただ自然の中に、川の流れにフライがあるだけだから、鱒がそれに飛びついてくる、というのだ。

「俺は気配が出過ぎている、と会長に言われた。そんなにやる気満々だと、魚が感づいて逃げちまうだろう、って」

Aさんはそう言うのだった。

確かに、Aさんのキャスティングには、何か凄みがあった。管理釣り場では、Aさんのまるで弓を射るようなその独特の構えを、まわりの釣り人たちがじっと見ていることもあった。それでも、Aさんは、いつもしっかりと鱒を釣り上げたし、釣れる数も多かったから、Aさんの気迫は人間には伝わるが、鱒に気づかれているわけではないのかもしれない。

三人で釣りの話をしていると、どういうわけか、O君の口数が少なくなることがあった。何かがO君の気に障るらしいのだが、初めの頃、私にはそれが何なのかよくわからなかったが、どうも、Aさんが同好会の勧誘を始めると、O君はむっつり黙ってしまう。しかし、それだけでもなさそうだった。

「Aさんは、釣りがうまいことは、うまいんだけど、なんか、しっくりしないところがあるかな」

O君は、私にそう言ったことがある。

「Aさんのキャスティングは迫力がある」

「と、いうか」

O君は、ちょっと考えてから言った。「釣りに対する取り組みかたが、力が入り過ぎてると思うんです」

Aさんは、O君の釣り仲間に違いなかった。一緒に釣りに行き、釣りについて話をする。しかし、Aさんの釣りは何かが違う、と感じているようだった。それを私もAさんに感じるときがあった。しかし、それが何かは、よくわからなかった。

管理釣り場に通いながら冬を過ごして、川の解禁に向けてフライを巻いた。鉤に鳥の羽、動物の毛を、糸で丁寧に巻きつけ、蜉蝣や飛螻蛄のフライを作る。でき上がったものを、水に浮かべて、鱒の眼にはどう見えるか、確かめもする。そしてフライボックスに自分で作ったフライを並べていくと、どのフライにも鱒が飛びついてくるように思えた。

四　解禁日

冬が過ぎてようやく春が来た。

私はO君と顔を合わせる度に、解禁日にはどこの川に行こうか、と話し合った。

するとある日O君が、

「Aさんとも一緒に鬼怒川に行くことになっちゃって」

と言った。

以前からAさんに勧誘されている釣りの同好会に参加するのだという。

「なんだか気乗りしないんですよね」

とO君は私に言った。

私はAさんから何度となく聞かされている、Aさんが会長と呼ぶその人の、ある種の境地に達した釣りというものを見てみたかった。私がそう言うと、会長の釣りなら見たことがあるとO君は言った。

「うまいとは思うけど、そんな特別ってものじゃないですよ。でもAさんにとって会長は、何か特別な存在みたいだから」

鬼怒川に向かうその日の朝、到着したときには空が白んでいた。見通しの良い広々とした川原の土手で、何人もの釣り人が夜明けを待っていた。私たちも支度をして川に向かった。空に雲はなく晴れるようであったが気温は低く、雪の残る山から吹き降ろしてくるのか、風が冷たかった。

手にロッドを持った釣り人たちが、川に向かって横一列に並んでいる。皆腰まである長靴（ウエーダーと呼ぶ）を履き、それぞれに防寒服の上にベストを着て、釣りの準備はすっかり整っているようだ。

私とO君が近づいていくと、そこにAさんが会長と並んで立っていた。会長は背の高い痩せた人だった。テンガロンハットをかぶっていて、他の誰よりもひときわ背が高かった。小柄でがっしりしたAさんと並んでいると、二人の姿は対照的だった。

先方も気づいて、お互いに挨拶をした。

「おはようございます」

会長はO君に、「おう」と言った。

「ご無沙汰してます」

とＯ君は会長に言った。

「なかなか会員にならないんだってな」

会長は色黒で、笑うと白い歯が見えた。好い笑顔だなと私は思った。Ｏ君は苦笑いをした。会長は牧場で働いているとかで、痩せてはいるけれども、頑丈そうな体つきだった。

「初めまして」

と私は言った。

「東京から来たんだって？」

「はい」

「こいつも東京から流れてきたからな」

と、会長はＡさんの方に顎をしゃくった。

「こいつはもう東京には帰れないらしいが、あんたは転勤で来たんだろう。何年くらいこっちにいるのかね」

「それはまだ、なんとも」

「いずれまた東京に戻るのかい？」

「それも、なんとも言えません」

「なんだ。自分のことがちっともわからねえんだな」

会長は白い歯を見せて笑った。

空が明るくなって、釣り人たちが川に下り始めた。

「さてと、行きましょうかね」

Aさんがそう言ったのを合図に、私たちも川に下りて行った。

私はすぐに釣りを始めるのものだと思っていたのだが、川岸に立つと、会長もAさんも、そしてO君もまず、川をじっくりと観察してライズを探した。水面を流れる羽虫を鱒が捕食すると、水面に小さな波紋が現れる。フライフィッシングではそれをライズという。しかし川面にはライズがない。別な場所では、釣り人がもうキャスティングをしている。私たちは、それぞれにフライを取り付けた。私は、ユスリカを模したミッジフライを選んだ。しかし支度ができても、なかなか釣りは始まらない。会長は、フライも取り付けずに、川を見ているばかりである。そして、

「こりゃあ、釣れねえな」

と、呟くように言った。

「ま、やってみますか」

Aさんが川に近づいた。そして川の真ん中に向かって、キャスティングを始めた。O君と私も、

それぞれに場所を定めて、キャスティングを始めた。会長は釣りをせずに煙草を吸い始めた。

確かに釣れなかった。気温は低かったし、風もあった。それでも、釣りを続けているうちに、いつの間にか会長の姿が見えなくなった。どこかで釣りを始めたようだった。それから二時間ばかり、上流へ行ってみたり、下流へ行ってみたりしたが、まったく釣れなかった。日が高くなっても、気温はあがらず、寒かった。しかも風が強くて、フライを思ったところに飛ばせない。私が釣りを諦めて待ち合わせの場所に戻ると、会長とAさんとO君が、もうコーヒーを飲んでいた。

「どうでした？」

とO君が尋ねた。

私は首を振った。まったく釣れない。あたりもない。

「O君は？」

「一匹だけ」

Aさんは二匹、会長は三匹釣った、と言った。

体がすっかり冷えきった私にO君がコーヒーを淹れてくれた。風はますます強くなっていた。

「今日は、もうこれまでだな。温泉にでも入ろうぜ」

会長がそう言ったので、私たちは釣りをやめて道具を仕舞い、鬼怒川沿いの露天風呂に行った。

それから暖かい蕎麦を食って昼過ぎに解散した。

私が会長に会ったのはこのときだけである。Aさんが「凄い」と言い、O君は「普通ですよ」と言った、会長の釣りを見ることもなかった。その後、Aさんは、たまに会長のことを話すことはあったけれども、同好会には誘わなくなった。

この日の帰り、O君は私に、転勤を命じられたらどこにでも行くのか、と訊ねた。

「そういうものだと思って会社に入ったからね」

「そうか、そうですよね。おれは転勤がないと思ったから」

それでもO君は、転勤を打診されたことはあると言う。

「断ったらどうなりますか？」

と訊き返し、

「昇進が遅くなる」

と言われたので、

「かまいません」

と、断った。

「地元を離れる気はありませんから」

とO君は言った。

「断ったりして、大丈夫なの?」

「わかりません。でもいいんです。そのときはそのときですから」

その年は三人でよく川に行った。週末ごとに、那珂川、箒川、鬼怒川へ釣行した。解禁日に釣れなかったその場所に、ひとりで行って三十センチを超す虹鱒を釣り上げたこともある。大谷川、板穴川、にも行ったし、福島の檜枝岐川に行った。釣れることもあれば、釣れないこともある。

Aさんは、一緒に行った釣りからの帰りの車の中で「ああ、釣りがしたい」と、言うことがあった。

「いま、釣りをしてきたばっかりじゃないですか」

「でも、もっともっと釣りがしたいのよ」

「もし釣りができなくなったら、どうします?」

と、私は尋ねてみた。

「釣りができなくなったら? 考えたことがないね。おれの人生には他になんにもないからさ」

Aさんはそう言って笑った。

五　山女魚

フライフィッシングで釣るのは鱒である。なかでも私は山女魚が好きだ。山女魚には気品があり、その斑紋は神秘的でさえある。山女魚が釣れると、その姿をしばらく鑑賞してからそっと川に戻す。釣った鱒は川に戻すから、毛鉤にはバーブレスフックしか使わない。バーブレスフックは鉤先の尖った反しが無いから魚をあまり傷つけず、鱒の口にかかった毛鉤は簡単に外れる。釣り上げた魚体をできるだけ丁寧に扱って、毛鉤を外して川に帰すのである。釣った魚を川に戻すことについてはさまざまな考え方と意見がある。私は釣った鱒を食うわけではないから川に戻すのだが、そもそも食いもしない魚をどうして釣るのか、と疑問を呈する向きもある。しかし魚を釣ることと食うことは必ずしも一貫した行為ではない。食うから釣るのでもなく、釣るから食うのでもない。釣りは釣り、なのである。

山女魚も岩魚も虹鱒も、一般的には鱒と呼ばれるが、学術的にはいずれもサケ目サケ科の魚である。岩魚はサケ目サケ科イワナ属、虹鱒と山女魚はサケ目サケ科タイヘイヨウサケ属に分類される。

サケ目サケ科の魚はもともと淡水に棲んでいたものが、氷河期に餌を求めて降海性を強めたものと言われる。

西日本には山女魚の代わりに天魚《あまご》が多い。山女魚も美しいが、天魚も美しい。天魚の斑紋には朱点が混じって、それが水に輝くと宝石のようである。岩魚は山女魚よりも上流で水温の低いところに棲むが、その姿形はどこか原始的で、鮭鱒の祖先に近いのではないかと私は思っている。山奥の清らかな水で、太古の昔から生きていたように感じられるのだ。山女魚、天魚、岩魚は日本古来の鱒であるが、虹鱒は明治時代に米国から移植されたものである。それぞれに海に降《くだ》るもの、川や湖にとどまるものがあって、海に降るものを海降型、川や湖にとどまって一生を過ごすものを河川残留型と呼ぶ。岩魚の海降型が雨鱒、山女魚のそれが桜鱒、天魚は皐月鱒である。残留型は成魚でも二、三十センチの大きさだが、海に鍛えられた海降型は五、六十センチほどになる。

日本ではもともと鱒といえば桜鱒、皐月鱒、琵琶鱒のことで、桜鱒は北海道から九州まで広く分布していた。皐月鱒は箱根より西の太平洋側、中国四国の瀬戸内海周辺、それに日向灘に面した九州の一部に棲息していた。皐月鱒のいるところに桜鱒はおらず、その棲息域は明瞭に別れていたらしい。桜鱒は桜の花の咲く頃に、皐月鱒は五月頃に川を遡上することからそう名づけられた呼び名も姿も美しい鱒である。

山間の渓流でも見られる桜鱒、皐月鱒には、それぞれ地域ごとに愛着をこめた呼び名があって、桜鱒はヤマメ、ヤマベ、エノハ、ホンマス、ママス、キリキリ、ヤギコ、トウス、エンドッコ、クロソブ、マダラ、皐月鱒はアマゴ、アメゴ、シラメ、カワマス、エノハ、タナビラ、アメノウオ、アメ、コサメ、ヒラメ、などと呼ばれる。琵琶鱒は皐月鱒が琵琶湖に棲みついたもので、アメノウオの別名がある。

桜鱒は一年ばかり海で過ごすのだが、その回遊域は母川沿岸からオホーツク海まで広がる。そして春から初夏にかけて生まれ故郷の川を遡上し、秋に産卵する。桜鱒には川で生まれて海に降るまで、体にパーマーク（Parr Mark）と呼ばれる小判形をした暗青色の斑紋がある。成長して海に降る準備ができるとこの斑紋が消えて体が銀色に変わる。この状態を銀化《ぎんけ》あるいはスモルト（smolt）と呼ぶ。川では水棲昆虫や河畔林からの落下昆虫やプランクトン、海では鰯や玉筋魚《いかなご》などの小魚、それにプランクトンを捕食する。

北海道の川で釣りをしていると桜鱒が釣れることがある。

私が常呂川で一日中釣りをして、それでも釣竿をたたむ踏ん切りがつかず、日暮れの川中に腰まで浸かって佇み、未練がましくキャスティングを繰り返していたときのことである。バシャリ、と、それまでに釣った山女魚とは明らかに違う重量感のある水音がして、ラインを強い力で引かれた。

咄嗟にロッドを立ててフックしたことを確認すると、合わせ切れしなかったことにまずはほっとする。大物に強く合わせるとティペットが切れてしまうことがあるのだ。しかしまだ安心してはいられない。ラインを急いで巻き取る。大物が走るとティペットが切れてしまうかもしれず、その負荷を和らげるためにリールでやりとりをするほうがいい。私が足元に垂れたラインを急いで巻き取ると、案の定、鱒は勢いよく走りだした。ロッドを倒すとリールの回転音とともにラインが伸びる。頃合いを見計らってロッドを立てながらリールを巻く。するとまた走る。リールを巻く。そうして時間をかけて徐々に引き寄せ、網に取りこんでその姿を見ると、青みを帯びた銀色に光る見事な桜鱒であった。

山女魚は成長しても斑紋がある。北海道で釣りをすると、きれいな斑紋のある鱒が釣れるけれども、それが山女魚なのか、桜鱒になるのか見分けがつかないし、狙って釣れるわけでもない。山女魚、桜鱒、岩魚、雨鱒、そして虹鱒が混在していると、何が釣れるのか、その姿を見るまでわからない。

皐月鱒は海に降っても遠くにはいかずに母川に近い沿岸域で過ごし、半年ほどで川に戻ってくる。天魚にも山女魚のような斑紋があるけれども、天魚のそれには朱色の点が加わるので違いが見分けられる。天魚は神奈川県以西の本州太平洋岸、四国九州に棲息し、かつては山女魚と棲息分布域を分けていたけれども放流によって混在するようになった。海に下らず湖で大きくなった山女魚は斑紋がなくなり桜鱒のような外見になることがある。これを銀化山女魚、天魚のそれをシラメ、などと呼ぶ。

琵琶鱒は桜鱒の亜種で、琵琶湖に棲息する固有種である。太古の昔に湖に閉じこめられて海水への適用能力を失くしてしまったらしく海では生きられない。その幼魚には天魚と同じ朱点の混じった斑紋がある。

かつては日本中の川にいた桜鱒だが、いまは滅多に見られない。明治時代から治水と利水を目的として日本中の河川にダムが設置され、海で育って川を遡上する桜鱒が産卵場にたどりつけなくなってしまったのである。しかも昭和三十年代から四十年代の公害汚染で川が汚れてしまった。高度経済成長の代償である。川の上流域でのダムや堰堤の建設は続き、河川残留型の山女魚や天魚も激減した。

岩魚は山女魚よりも低い水温を好み、より上流域に棲息する。日本の岩魚はイワナ属の南限に棲息する種で、その川の注ぎこむ海の温度が高いから、海に下らず川にとどまるようになったのらしい。北陸以北のより寒い地域には海に下る岩魚がいて雨鱒となる。岩魚はダムに堰き止められた川の上流に棲むことが多いから、山間の源流に近いところには天然の岩魚が生き伸びている。だから岩魚を狙う釣り師は渓流の上流へ上流へと向かっていくのである。
北海道では雨鱒も釣り上げたことがある。山女魚と桜鱒は紋様も大きさも違うから一目でそれとわかるが、水中の雨鱒の姿を見たときはそれとわからず、巨大な岩魚が来たと思った。最初の一匹は鉤が外れ、取り逃がしてしまった。「でかい岩魚だった」と興奮冷めやらぬ私に、同行のガイドが「岩魚じゃなくて、雨鱒ですね」と言った。そういえばでかかった、五十センチ、いや六十センチはあった、これくらいあった、と私は逃がした魚の大きさを、未練がましく両手を広げて示した。その後、気を取り直して何匹かの雨鱒を釣り上げたが、釣った魚よりも、逃がしてしまった魚のほうが忘れられないのである。

日本の河川の歴史はダム開発の歴史でもある。明治時代に日本の工業化、近代化とともにダムの建設も始まった。日本の近代化の歴史はダム開発の歴史といってもいいかもしれない。当初は治水のため、それに発電や貯水などの利水事業が加わって、およそ日本中の川という川にダムあるいは堰堤がつくられた。日本には国土交通省の定めた百九の水系がある。水系とは、基幹となる川とその支流それにつらなる湖と沼を含む水の流れの総称である。例えば、利根川水系、荒川水系、多摩川水系、などという。百九の水系に本流支流合わせて一万三千九百九十四本の一級河川がある。一級河川は国（国土交通省）の管轄で、さらに都道府県の管轄下に七千九十本の二級河川がある。流域面積千平方キロメートル以上の水系、複数の府県に跨る水系の河川の多くが一級水系に指定されている。そのほとんど河川にダムと堰堤がつくられ、鱒の遡上がことごとく遮られた。ダムは道路とともに日本の国土開発の象徴するもので、行政の在り方とその問題を浮き彫りにもしてきた。一九九七年になってようやく河川法に環境保全の文言が加えられ、以来ダムや堰堤で上下流が分断された河川に魚道が整備されるようになった。役人たちが川の魚のために自然環境を「考慮」するまでに百年ほどかかったことになる。役人はつまるところ税金を集めて使うのが仕事である。しかも税金を集める役人と使う役人は別人である。だから道理がわからなくなるのだろう。

一方、日本各地の河川で鱒の放流が盛んに行われている。放流の主体は各河川の漁協で目的は主に遊漁、つまり釣りのためである。山女魚が天魚の自然分布域に、天魚が山女魚の分布域にも放流され自然分布に攪乱が生じた。が、だからといって山女魚や天魚の数が増えたわけではない。放流された山女魚や天魚が産卵するのは稀なのである。それに放流されるのは、山女魚や天魚よりも虹鱒が圧倒的に多い。虹鱒は山女魚や天魚よりも丈夫で安価なのである。しかも山女魚や天魚よりも簡単に釣れるのだ。しかし虹鱒は北海道を除く本州以南の河川は自然繁殖に適していないと言われている。そうだとすると、川に放流された虹鱒は釣られるか、死ぬのを待つばかりである。養殖したものを放流して釣らせる。釣れ残った虹鱒は繁殖せずに死ぬ。翌年また放流して釣らせる。残りは死ぬ。それを毎年繰り返すのである。

学術的な分類によると鱒はサケ目サケ科の下の階層にある。桜鱒と皐月鱒はサケ目サケ科サケ属サクラマス種、サツキマス種、というふうに位置づけられている。虹鱒もサケ属である。サケ科の属にはサケ属、タイヘイヨウサケ属、イワナ属、イトウ属がある。サケ属には白鮭、紅鮭、銀鮭、樺太鱒、桜鱒、その亜種の五月鱒と琵琶鱒、鱒の介、虹鱒が含まれる。タイヘイヨウサケ属は大西洋鮭とブラウントラウト。イワナ属には岩魚、オショロコマ、川鱒（ブルックトラウト）、レイクトラウトが含まれ、そしてイトウはイトウ属として独立している。一般的に鮭は海、鱒は川や湖に棲むという理解があるが、明治以降の外来種の流入でその区別が曖昧になった。学術的な研究よりも商業的な流通が先行してその名称と分類がわかりにくくなってしまったものらしい。

日本の川に遡上する鮭、いわゆる白鮭はロシア、アラスカ、カナダそして北海道や本州北部に棲息しており日本での水揚げ量も多い。その呼称は時と場所によって変わり、アキサケ、アキアジ、時不知《トキシラズ》、トキ、トキザケ、ギンケ、ブナ、ブナケ、ブナザケ、ホッチャレ、メジカ、鮭児《ケイジ》、シロサケ、オオスケサケ、などと呼ばれる。白鮭は新巻鮭、塩鮭、イクラや筋子、寒干しにしたトバなど、日本人の、とくに東日本の生活に欠かせない魚である。春に漁獲される時不知や秋の鮭児などは身に脂がのって特に珍重される。

白鮭は通常は二年から六年を海で過ごし、産卵のために母川に回帰する。海に降らず川に残留する個体もある。白鮭は川を遡上して産卵するまで絶食状態にあり、産卵後は消耗して息絶えてしまう。川に遡上した鮭は漁業法と水産資源保護法により手厚く守られ、釣りは全面的に禁じられている。釣れば密漁、犯罪になる。そうではなくとも、川に遡上した鮭は捕食しないから釣れないと言われていた。ところが昭和五十年代に、北海道の釧路あたりの海岸で、たまたま鮭が釣れて話題になった。餌を食わないから釣れない、と信じていた鮭が釣れたのである。釣った魚を自慢するのが釣り師の性である。鮭を釣ったと自慢をした。実は鮭は釣れるのだと日本中の釣り師に知れわたった。俄かに活気づいた釣り師たちが北海道に押し寄せた。釣り師が至るところの河口に現れて釣り糸を垂らした。大人しく釣り糸を垂れるだけならいいが、空き地を駐車場替わりに占領する。釣り場付近の私有地に入って焚火をする。木材を盗む。場所取りで小競り合いも起きる。鮭には市場価値があるから不埒な輩が後を絶たない。迷惑千万である。地元漁業は河口付近での鮭の管理を強化した。

北海道の標津町を流れる忠類川で、水産庁から特別採捕と呼ばれる調査の認可を得て、公式な鮭釣りが始まったのは一九九五年からである。標津はアイヌ語で「鮭のいる川」を意味するシベヲツが語源であるという。人口五千人余り標津は酪農と漁業の町で、漁業の主体は鮭である。調査の名目ではあるものの実質的な鮭釣りの解禁に、日本中の釣り師がまた沸き立った。この特別措置を受けた遊漁期間は八月中旬から十月末まで、釣りの方法はフライ、ルアー、餌、なんでもありで、日本各地から釣り師が大勢押しかけた。標津町を訪れる釣り人は年々増え続け、一九九九年には一万人近くにもなった。

フライフィッシャーにとって鮭は憧れの獲物である。そのために遠くアラスカまで行く者もいるのだ。大物を狙うのが釣り師の性である。それが、わざわざアラスカに行かなくても北海道で五十センチ、いや六十センチ、ひょっとすると七十センチもある鮭が釣れるのである。

しかしフライフィッシャーだけではない。ルアーフィッシャーも餌釣り師も一緒くたになって、所狭しと立ち並んで釣り糸を垂れるのである。両脇の釣り人さえ気にしなければいくらでも鮭はいる。虫類側を遡上する鮭の数は三十万尾を超えるという。足元を流れる川に鮭の大群が悠々と泳いでいるのだ。

それにしても、産卵のために川を遡上する鮭は餌を食わないはずである。ならばどうして釣れるのか。毎年東京から虫類川に通う人の話では、餌は食わないが目の前を通り過ぎるフライに、苛立ってか、邪魔なのか、攻撃するのか、確かに食いつくそうである。餌では釣れないから、鉤を引っ掛けて釣る輩もいるそうだ。

そうして虫類川での鮭釣りは画期的な試みで人気を博したが、一九九九年から釣り人の数々は年々減って、ここ数年は二千人ほどで落ち着いている。しかし熱心な人はこの期間標津町にアパートや宿を借りて虫類川に通い詰めるそうである。これに倣って「調査のため」に鮭の釣りを許すようになった本州の川もある。

鮭には白鮭の他に、紅鮭と銀鮭があるがいずれも日本近海ではほとんど獲れない。紅鮭は北太平洋、オホーツク海、ベーリング海に生息しているのだが日本の川には遡上しない。日本人の食する紅鮭の大半は、ロシア、アラスカからの輸入ものである。紅鮭は日本の川を遡上しないが、阿寒湖や支笏湖には姫鱒がいる。銀鮭と姫鱒は同じ魚だけれども生き方が異なり、川を降って海で生きる降海型を紅鮭と呼び、湖水にとどまって生きる残留型を姫鱒と呼ぶ。つまり姫鱒は淡水に棲む紅鱒である。姫鱒は明治時代に日本に移植されたもので、姫鱒は十和田湖や中禅寺湖などにも移植され養殖もされている。

銀鮭も北部太平洋に生息しているが日本の川には遡上せず、日本の漁師が水揚することもほとんどない。おもにチリから養殖ものが輸入され、塩鮭として売られている。日本でも宮城県の三陸沖などで養殖が行われている。銀鮭の河川残留型には異名がなく、川や湖で成長する個体も銀鮭と呼ぶ。

鮭と鱒は紛らわしい。もともとは海に棲むものを鮭、川や湖に棲むものを鱒と呼んでいたのだが、幕末から明治にかけて日本人の生活圏が北海道、樺太、千島列島と広がると、そこで獲れる大型のタイへイヨウサケ属の魚に、樺太鱒、鱒の助などとマスの名称が与えられた。

樺太鱒は英語で「Pink Salmon」、鱒の助は「King Salmon」と呼ばれ、「Salmon」つまりサケの扱いである。普通英語の「Salmon」はサケ、「Trout」はマスと訳される。英語圏でも「Salmon」は海、「Trout」は川に棲息するものとして扱われていたので、「Brown Trout」が海に下ることがわかって、それを「Sea Trout」と呼ぶようになったらしい。

鱒の助は、キングサーモンといったほうが通じるが、和名には介《すけ》、介鱒《すけます》、大介《だいすけ》などという呼び方もある。アラスカ近辺、北太平洋やオホーツク海、日本海北部などに棲息し、日本の川には遡上しない。サケ科の中ではイトウと並ぶ最大級の魚で、一メートルほどもある。アラスカやロシアからの養殖輸入ものが多い。

北大西洋に棲息するアトランティックサーモンも、キングサーモンに負けず劣らず大きい。養殖ものが輸入され流通している。英国や北欧ではアトランティックサーモンもフライフィッシングの対象になっている。

虹鱒（Rainbow Trout）は北米大陸が原産で、明治時代に日本に移植された。英語圏では虹鱒が海に下って大きくなったものをSteel Headと呼ぶが、虹鱒を海で食用に養殖したものがサーモントラウトとして流通している。近年大衆的な寿司屋などで供されるサーモンはほとんどこれで、チリやノルウェイから輸入されている。私はサーモンもサケも筋子もイクラも食わない。食えば美味いと思うのだが、好んで食うことはない。動物愛護に熱心な人は肉食に抵抗を感じるらしいが、私の鱒に対する気持ちはそれに近いようである。

六　日光湯川

栃木で釣りをしていた頃、湯川での釣りが好きだった。

日光の湯川は、湯の湖の水が岩壁をつたわって落ちる湯滝から、戦場ヶ原の湿原をくねりながらゆったりと流れる全長十二キロほどの川である。ところどころに湧水があり下流に向かうと水量が増え、竜頭の滝で地獄川と名称が変わって中禅寺湖の菖蒲ガ浜に注ぎこむ。

湯川では日本では珍しい川鱒、ブルックトラウトが釣れる。一九〇二年（明治三十五年）五月二日にスコットランド生まれの貿易商人、トーマス・ブレーク・グラバーが、フライフィッシングのために川鱒の稚魚を放流し、その後も放流が続けられて川鱒が棲むようになった。湯川は日本でのフライフィッシングの発祥の地と言われている。

グラバーは、長崎の観光名所グラバー園のその人である。一八三八年スコットランド生まれで、一八五九年（安政六年）に武器商人として来日した。薩摩、長州の側に船舶や軍備品を大量に売り、討幕派を支援した。また長州の伊藤博文、井上馨、薩摩の五代友厚などの英国留学を支援した。佐幕派の刺客に狙われていた木戸孝光を私邸にかくまったこともある。坂本竜馬の亀山社中を支援して薩長同盟斡旋を後押しした明治維新の陰の立役者である。維新後は三菱財閥との関係を深めた。麒麟麦酒創業の立役者でもある。その商標なった麒麟もグラバーの提案である。グラバーは一九一一年に七十三歳で他界するまで、中禅寺湖、そして湯川で釣りをしながらその晩年を日本で過ごした。

明治中頃から昭和初期頃まで、中禅寺湖は外国人に避暑地として人気があった。西洋の商人や外交官が夏を過ごし、フライフィッシングに興じたのである。グラバーが湯川に川鱒を放ったのは、中禅寺湖の釣りだけでは物足りなかったか、あるいは湯川の風情がグラバーに故郷のチョークストリームを思い出させたのかもしれない。チョークストリームは英国に存する石灰岩質の土地の湧水の多い緩やかな流れの川のことで、日光の湯川の渓相はそれに似ていると言われる。湯川の流れは緩やかで透明度が高く、鱒の姿を目で確かめながらフライを投げこむ、英国流のサイトフィッシングができるのである。

川の釣りは下流から上流に向かうのが常道である。日光湯川では赤沼茶屋あたりから釣り始めて上流に向かう。小田代橋までは透明度が高く、そこから上流は川底が砂利でやや白濁している。そして流れのなかに倒木のある木々の緑に囲まれた鬱蒼とした景色になる。そうして川の中のあちらこちらに横たわる倒木の蔭にブルックトラウトが潜んでいる。流れは浅くゆるやかだが、倒木の間を狙ってキャスティングするのはなかなか難しい。ブルックトラウトは、体に赤い斑点があるのが特徴で、捕食の性質は岩魚に似て用心深く敏捷である。しかし、その目の前にフライをうまく落としてやると、勢いよく飛び出してくるのだ。

湯川の釣りには難点が二つある。

まず観光客である。夏の週末ともなると、川沿いの木道を後から後からと観光客が通り過ぎる。木道から川までは一定の距離があるから、鱒を脅かすことはないのだが、釣り人を脅かすのである。静かな川の流れのなかに立ってキャスティングをしていると、そのうち必ずと言っていいほど声をかけられる。

「何が釣れるんですか?」

「ブルックトラウトです」

「それ、どんな魚ですか?」

「鱒です」

「鱒って虹鱒ですか?」

「いや、虹鱒は虹鱒。ここで釣れるのはブルックトラウト」

「それって鱒とは違うんですか?」

それが後から後から続くのである。返事をしないで黙っていると、「あいつ、返事もしねえ」と、怒りだす人もいる。日光湯川の木道では山歩きと同じように、こんにちは、と互いに声をかけあって挨拶をするのが礼儀なのである。そういうわけで、夏休み期間中の週末は、観光客のごったがえすなかで、観光客に質問攻めにされながら釣りをすることになる。

もう一つは、釣り終わってから車に戻るまでの道のりである。赤沼茶屋から湯滝まで、川を釣り上るのはいいとして、釣りが終わると、車を停めたところまで、日暮れの道路を歩いて帰らなければならない。川の途中で引き返すこともできるのだが、やはり上流に向かって湯滝まで釣りをしたい。そうすると、戦場ヶ原を右手に見ながら、車の行きかう道路を、くたびれはてて、てくてくと時間をかけて歩く羽目になる。

それでも私は、湯川での釣りが好きだった。夏休みが終わると観光客が減り、静かな釣りをすることができるし、ブルックトラウトの釣りは湯川ならではである。

O君も湯川での釣りが好きで、何度か二人で行った。Aさんは、「湯川はあんまり好きじゃないから」と、行こうとしなかった。戦場ヶ原に漂う霊気が嫌いなのだという。

「薄気味悪くってさ」

一度、釣りが終わって、薄暮れの戦場ヶ原の木道を歩いていると、背後から何かがしがみついてきた。それを振り払って、後ろも見ずに逃げたのだそうである。

この頃から、O君はAさんをあまり釣りに誘わなくなった。

「Aさん、近頃、変なんですよね。なんか無口になっちゃって」

「悩みがあるのかな?」

O君はしばらく考えてから、ぽつりと言った。

「そうかもしれないけど、悩みなら誰にでもありますよね」

O君の週末は存外忙しくて、冬はスキー、夏は農作業、それにバレーボールのチームにも加わっている。最初の頃は毎週末と言っていいほど、私につき合ってくれていたのだが、そのうち私が釣りに慣れてくると、それが月に一度か二度になった。Aさんが一緒のときのこともある。

私は川に向かう車の中でO君と話をするのが好きであった。釣りの合間の、O君の淹れてくれるコーヒーを飲みながら過ごすひとときが好きであった。

栃木で最初の夏にO君から釣りを教えてもらい、二度目の夏はO君と釣りに行くことが多かったけれども、三度目の夏はひとりで釣りに行くことも多かった。

飛螻蛄は、夏の夕方に多く羽化する。

飛螻蛄の幼虫は、川の浅瀬の石や砂、枯葉の中に棲み、川底の石に付着した水苔や微生物を食べて大きくなる。そして巣の中で蛹に姿を変えて、成虫になるときをまつ。そのときがくると、飛螻蛄は水面から羽化して飛び立つのだが、鱒はそれを狙って捕食する。飛螻蛄の大群が、水面で次から次へと羽を広げて、飛び立とうとするときに、鱒たちがそこここと喰らいつく。大量に羽化する飛螻蛄と、それに嬉々として躍る鱒たちとの饗宴で、水面に飛沫が散り、川が沸騰するときがある。そこに自分のフライを投げ入れることができれば、と、釣り人なら誰しも思う。これをマッチ・ザ・ハッチ（match the hatch）の釣りという。水棲昆虫の羽化（hatch）に合わせる（match）のである。

栃木での三年目の夏のある日、私は釣りのために休暇をとって、朝からひとりで鬼怒川の上流と支流を釣り歩いた。まずまずの釣果に満足して、早めに切り上げて帰るつもりだった。それでも車を運転していると、まだ行ったことのない支流を思い出して、あまり遠くもないし、せっかく来たのだから、と、その川を見て帰ることにした。もちろん、あわよくば釣りをしようと思ってのことである。

川沿いの狭い道に車を乗り入れて、このあたりだろうかと見当をつけた場所にとめた。車をおりて土手をのぼれば、川が見渡せるはずだった。夕暮れが近かった。

ロッドを持たずに土手の上にあがって、何気なくそこに立ったのだが、川を見て思わず息を呑んだ。川の水が沸騰していたのである。無数の水棲昆虫、飛螻蛄が羽化して、水面から舞いあがっているのだ。そしてあたらこちらで、鱒が跳ねて、水飛沫をあげている。それも半端な数ではない。見渡すかぎりの川面で、鱒が跳ねて踊っているのである。

私はすぐさま土手を駆けおりた。そして車からフライベストとロッドを掴むと、急いで取って返した。土手の上から沸騰する川を見下ろして、逸る心を抑えながらタックルを組み立てた。フライを択ぶ手が震えた。フライにティペットを結ぶときも手が震えた。焦ってはいけないと思いながらも、「はやくはやく」と自分を急きたてる。

息のつまるような思いで準備を終わると、土手をおりて、ゆっくりと川に近づいた。膝ががくがくと震えた。

一投目で、すぐに鱒が飛びついてきた。見事な山女魚である。しかしその姿に見とれている時間も惜しくて、またキャスティングをした。するとまた釣れた。気が急いて、息苦しいくらいである。キャスティングをする度に山女魚が釣れた。何度も何度もキャスティングをした。何尾釣り上げたかはわからない。釣れた魚を数える間も惜しんでキャスティングを繰り返すのである。あたりが暗くなって、フライが見えなくなっても、キャスティングを続けた。それでも鱒は釣れ続けた。

どれくらいたってからか、ふと、あたりを見回すと、私は暗闇の中に立っていた。そして放心したような状態で、何も考えられず、ロッドをたたんで、道具をしまい、川を後にした。

その後、私はそこを何度となく訪れてみたのだが、川の流れはいつも静かであった。

第二章　釣り場を求めて

釣り人は誰でも、釣りに熱心になりはじめた頃の話があるはずだ。われわれのなかには、釣りが少年時代の心を躍らせる事柄として思い出に残っている者もあろうし、また、人生のもっとも遅い段階でやっと釣りを発見した者もあるだろう。いずれにしても、もっとも熱心な釣り人はつくられたものではなく、生まれつきそうなる素質があるのだと思う。その情熱は最初から潜在し、遅かれ早かれ機会が来れば現れるのである。場合によっては、釣りを発見し、楽しもうという機会の来訪があまりにも遅かったので、そんな気持ちがあることさえ気がつかず、とうとう知らずしまいになることもある。われわれが長く生きれば生きるほど、人生の軌道は深くなり、それから外れることがますますむずかしくなる。

エドワード・グレイ著『フライフィッシング』一九〇七年刊行版　西園寺公一訳

一　江津湖

私が釣りを始めると、やはりあなたは祖父に似ているのだと母は言った。祖父は私の生まれる前に亡くなっているから私は祖父の人となりを知らないのだが、子供の頃に親や親戚からこの子は爺さんに似ていると言われることがあった。大人になって言われなくなっていたそのことを、三十歳を過ぎて釣りを始めた私に母はあらためて言ったのである。

私が生まれ育った家は熊本市の東南に位置する下江津湖の近くで、母の話によると、祖父は下江津湖に小舟を浮かべて釣りをしていたのらしい。江津湖は水前寺成趣園の湧水を源流とする加勢川流域の瓢簞のかたちをした小さな湖で、上流に位置するそれを上江津湖、下流のこれを下江津湖と呼ぶ。鱒も鮎もいないけれど、昔も今もここで釣りをする人は多い。昔は江津湖に淡水の漁師がいて、私が子供の頃までは小舟から投網で漁をする人の姿があった。釣れる魚は鯉、鮒、この地域ではいずれもハヤと一括りに呼んでいたオイカワやウグイ、それにビンタと呼ばれるタナゴなどである。いまはブラックバス、ブルーギルなどの外来種もいるらしい。祖父の釣った魚を、嫁にきた母は捌いて甘露煮や佃煮にした。戦後間もない頃の粗末な食卓にそうして一品加えたのである。

母は父と見合いで結婚をした。父にとっても母にとってもそれが初めての見合いで、見合いの後に二人で一度だけ会って、断る理由がなかったから結婚することにした、と母は言っていた。

祖父の釣りは、楽しみのためだけのものではなく貧しい食卓に惣菜を加えるための実利を兼ねていた。あるいはそれは、趣味や娯楽というよりもひとりの男にとっての何か切実な、掛け替えのない時間であったのかもしれない。湖や川にある釣り人の姿は穏やかに映るものだが、釣り人の心が必ずしも平穏であるとは限らない。その心はむしろ、日常生活に対する焦燥や苦悩、あるいは倦怠に満ちているかもしれないのだ。

祖父は婿養子であった。家は代々続く農家である。代々続いてはいるが二男であった曾祖父が分家をしたから本家ではない。その曾祖父が日露戦争で戦死をして、嫁とひとり娘が遺され、祖父はそのひとり娘の婿養子になって家を継いだのである。そして四男二女を儲け、長男であった父がその跡を継いだ。父は釣りをしなかったから、祖父の釣り好きは隔世遺伝をして私に伝わったのらしい。

酒の呑めなかった祖父は、村の寄合で無理矢理呑まされて、家に帰ると体を震わせて苦しむことがあった。そういう祖父を祖母が介抱しながら、酒の呑めない婿養子だからと馬鹿にして、と悔しがる。だからわしは酒呑みになったのだと父は晩酌をしながら言っていた。父は年老いてからも一晩で一升瓶を空にする酒豪であった。酔った父は祖父のことを、大人しい性分だったが第一次世界大戦で勲功をたてたこともあるのだ、と子供だった兄と私に言って聞かせた。なんでも祖父は軍艦に乗って欧州まで遠征したことがあるらしいのだが、祖父を乗せた軍艦が地中海を進むうちに機雷に遭遇し、行く手を阻まれるということがあった。そのとき祖父が褌一丁になるや勇躍海に飛びこみ、古式泳法で機雷を除去し、軍艦は危機を脱する。その武功で勲章を授与されたという話であった。昔江津湖の水は透き通っていて、村の人々の水浴び場にもなっていた。祖父も江津湖で水泳を習い覚えたのである。父も子供の頃に泳いだという。私が小学校に通う頃には水が汚れて泳げなくなっていたけれども、幼い頃に江津湖のほとりで蛍を見た記憶がある。まだ小学校にあがる前のことで、どこへ行った帰りだったのか、暗闇の江津湖畔を母に連れられて歩いているとき、どこからともなく蛍が舞って現れた。それに気づくと無数の蛍が宙を舞っていて、それはまるで母と私を取り囲むようであった。急ぎ足で私の手を引いていた母が足をとめて私に何か言った。何を言ったのかは覚えていないが、母は私と手をつないだままもう一方の手を宙に差し出すと、その手のひらに蛍がとまった。私も母を真似て手を差し出すと、はたして蛍がとまったのである。そうして手のひらに乗せた蛍の光を見ていると、どこか別の世界に迷いこんだような不思議な感覚にとらわれた。農薬を大量に散布するようになる以前、昭和三十年代には日本の農村にはいたるところに蛍がいたのである。

　私は江津湖で泳いだことはないが、加勢川を下流に下った支流にある水の湧き出る深い池で泳いだことがある。子供には人気の場所だったけれども、私の通う小学校では遊泳禁止になっていた。小学校の父兄には国体に出場するような人たちが、水泳部の指導をしていた。私も水泳部に入っていたから、夏の間は小学校のプールで毎日泳いでいた。その水泳部の仲間と遊泳禁止のその場所に遊びに行くことがあった。

　その池の水は透明で冷たく、水底の藻で魚が泳いでいるのが見えた。底を覗きこみながら、毎年夏には藻に絡まって溺れ死ぬ子供がひとりか二人いるらしい、などと誰かが囁くように言うと、奇声をあげて一斉に水に飛びこむのだ。水の中で気泡に包まれて目を開くと、池の底で藻が不気味に揺れている。慌てて浮かび上がると、すぐ隣に友だちがいて、顔を見合わせて大声で笑う。水面に夏の陽射しが反射して、きらきらと輝いている。危険と隣り合わせの遊泳には、子供たちを惹きつける魅力があった。

　日露戦争に出征した曽祖父は満州の野戦病院で死亡して、故郷に妻と生まれたばかりのひとり娘が遺された。一九〇五年（明治三十八年）、曾祖父は享年三十四歳であった。ひとり娘が長じたその家に隣村から婿養子にきたのが祖父である。祖父は第一次世界大戦に出征して、生きて還ると百姓をしながら、江津湖で釣りをしたのである。祖父は晩年は脳卒中の後遺症で中風を患い一九五七年に六十五歳で歿した。一九二三年（大正十二年）生まれの父は太平洋戦争で満州に出征して生きて還って、「我家の男は代々戦争に往ったが、おまえたちは戦争に往くことはなかろう」とまだ幼かった兄と私に聞かせるでもなくいうことがあった。

戦時中父は満州にいて、日本の敗戦が決まると駐屯地から抜け出し、朝鮮半島を南下して逃げ延びた。命からがらの文字通りの敗走であったという。父は六十五歳を過ぎると「おれは親父よりも長生きをしている」と感慨深げに言うことがあった。そうして八十二歳までは元気に生きた。八十二歳になる年に脳梗塞を発症し、意識不明のまま半年後に息を引き取った。祖父は私の生まれる前に亡くなったから私は祖父のことを知らないが、祖父も脳梗塞を患っている。姉は私に、祖父の手が中風で震えていたことを覚えていると言った。姉がそういうまで、中風が脳梗塞の後遺症であることを私は知らなかった。

父も祖父も曾祖父も戦争の時代に生きた。いまの日本に生きて戦争で死ぬ怖れはない。しかしいずれ死ぬには違いない。不慮の事故死か、癌や脳梗塞などの病に倒れるか。先のことはわからないが、父親より長く生きられれば、と思っている。

故郷の江津は、阿蘇外輪山一帯に降る雨が地下に浸透して、二十年ほどかけて湧き出でる湧水の豊富な湿地帯である。下江津湖の湖底には弥生時代の遺跡が眠っており、江津には水田が稲作文化の黎明期からあったと云われる。四百年ほど前の慶長年間に築城の名手で土木治水の優れた技術者でもあった加藤清正が、江津を流れる加勢川の治水と灌漑のために塘《とも》を築いた。これを地元では江《え》津塘《づども》と呼ぶ。塘の一方に水田、他方にひょうたん型の湖、いまの上江津湖・下江津湖ができた。加藤清正の築いた塘に沿って上流から順に、上江津《かみえづ》、下江津《しもえづ》、上無田《かみむた》、下無田《しもむた》、と呼ばれる集落が形成され、人々はここで田を耕したのである。加勢川の水が氾濫して塘が切れることがあれば村は浸水してしまうはずだが、加藤清正の時代から四百年を経た今日まで、いずれの集落もそのような災害に見舞われたことがない。昭和二十八年に熊本市の中心を流れる白川が氾濫した大洪水のときもこの一帯は冠水しなかった、というのが当時を知る村人の語るところで、私の父も、隣村から嫁にきた母も、どんなに激しい雨が降ろうと江津湖の氾濫を心配することはなかった。

下江津の在の住民は塘が築かれて加勢川の左岸から右岸に移り住んだと言われ、在の人々の祖先代々の墓は川の左岸にある。我が家の墓もそこにあって長男である兄と兄嫁が守っている。

江津湖の水温は豊富な湧水で常時摂氏十九度から二十度ほどに保たれているから、手を浸せば夏は冷たく冬は暖かく感じられる。冬に越冬燕を見ることもある。江津塘に立って江津湖を眺めれば西に金峰山、東に飯田山、その彼方に阿蘇山を望む。その眺めは昔も今も変わらない。

浮草の寄する汀や阿蘇は雪

上江津湖のほとりに生まれ育った昭和の俳人中村汀女の句である。中村汀女、本名破魔子、（旧姓斎藤）は、明治三十三年に熊本県飽託郡画図村（現在の熊本市東区江津一丁目）に生まれ、熊本県立高等女学校（現熊本第一高等学校）を卒業後、やはり熊本出身の役人中村重喜に嫁ぎ、夫の転勤で東京、横浜、仙台、名古屋などを転々とした後、東京に居を定めた。中村重喜は五高から東大を出た税務官吏であった。互いに写真一枚を見ただけの見合い結婚で、挙式の当日まで相手に会うことがなく結婚をした。当時は珍しいことではなく、顔も知らん人と結婚したと、と私の叔母は笑いながら言うことがあった。

中村汀女は十代から句作を始め、新聞投稿などで早くからその才能を認められていたものの、結婚してから十年ほどは家事に専念して句作をしなかった。三十歳を過ぎて、横浜に暮らしているときに句作を再開する。やがて高浜虚子に師事してホトトギスの同人になると、汀女の句は高い評価を得た。戦後、昭和二十二年に俳誌「風花」を創刊、主宰した。新聞雑誌の俳句欄選者、ＮＨＫテレビ「俳句入門」の講師なども務め、昭和六十三年に八十八歳で亡くなるまで、女性俳句の普及に貢献して文化功労者に選ばれ、日本芸術院賞も受賞した。
汀女の句の多くは、日常の暮らしのなかでの身辺のことを題材にしている。

外《と》にも出よ触るるばかりに春の月
とどまればあたりにふゆる蜻蛉かな
あはれ子の夜寒の床の引けば寄る
咳の子のなぞなぞあそびきりもなや
雨粒のときどき太き野菊かな

故郷、江津湖の風景は詠んだ句も多い。子供の頃の思い出はその人の心象風景を形成するものだが、汀女の心にある故郷の風景は、句作の言葉で磨かれて、年を経るほどに美しく彩られたようだ。夫の転勤で日本各地を転々として望郷の念が募るということもあったのかもしれない。

江津神社とは御小さく法師蟬
行き合うてへだたる堤うららかな

夕焚火《ゆうたきび》移れる岸に着けにけり

水際まで土手の刈麦すべりけり

秋の水やはらかに手によみがへる

汀女は上江津湖のほとりにあった家で生まれ育ち、そして嫁に行くまで江津湖を眺めながら過ごした。その風景と子供の頃にそこで遊んだことが、彼女のものを見る目を養ったようである。

村人たちは江津湖の鮒や鯉を銛で突いた。父もその一員であり、大型の鮒の、その銛傷から噴き出る血は、痛ましくもあったが美しくもあった。禁漁区でも、馬尾《まなお》（細い釣り糸）一本釣りの漁だけは許されていたので、父には楽しみの釣舟が、いつも塘の下につないであり、ここから、私は生涯（？）の希望である釣りを覚えた。（『中村汀女　汀女自画像』）

釣りをするときは水を見つめている。釣りをしていると、魚と水と周囲の景色が混然となって、そこに自分が溶けてしまうような、どこか別の世界の別の時間にいるような不思議な感覚に捉われることがあるものだが、汀女は釣り人のその至福の感覚を子供の頃に経験しているのだ。

晴れた日には川には藻刈舟があちこちに出た。細竿二本を入れてもぎとるのである。濃みどりの藻がたっぷり竿先に持ち上げられ、水の面をはなすとき、ひとゆすりすると泥が洗われる。しかしその濁りはすぐまた澄んでゆく美しい水の湖であった。そういう藻刈舟のあいまに父たちの釣舟がまじる。私は幾つごろからその舟に坐るようになったか。とにかく、父はどこにも連れていった。はじめは舟べりに胸を押さえて、飽きなく水中をのぞいたのを思い出す。水の世界の面白さ、魚が走り、藻がなびく、そして水底にはまたさまざまのものが棲んでいた。手長えび、どくら、赤い腹のいもりもいた。ながめていると自分も水の世界の一員になっている思いであった。

父が餌をつけてくれた釣竿を手にし始めた年を思い出せない。

『ホイ、引いているぞ』と言われてひき上げる糸に、ビンタ——たなご——がかかって来たそうした日から、私には世に釣りほど楽しいものはない気がしたのである。そして水棹《みさお》で舟をこぐことを覚えた。舳《へさき》に立って棹を右に左にさしてゆくのは初歩。大人たちは、みな艫《とも》にいて、片側のみの棹どりで舟はすっすと進むのである。私にもそのこつがやがてのみこめた。

阿蘇からの伏流がこの岸に来て清水となって湧くのだが、その湖底の砂地に、突きあてる水棹の快い感覚を私は知った。（『中村汀女　汀女自画像』）

浮草の寄する汀や阿蘇は雪

汀女の母校画図《えず》小学校の句碑に、汀女が自ら選んだ句である。

汀女を迎えて開催されたこの句碑の建立式典に、私は画図小学校の生徒として参加した。田圃に囲まれた田舎の小さな小学校である。そこに大勢の報道関係者が詰めかけて、中村汀女というこの老婦人はよほど偉いに違いないと私は思った。実際着物姿の彼女には、そのときには言葉にならなかったけれども、気品と知性と、そして周囲の大人たちにはない都会的な洗練された雰囲気が感じられもした。

このときのことを汀女は次のように書いている。

今度の句碑はすべてPTAの手になったもの、ここのPTAには庭師さんもいれば、農家の人も多い。労力はすべて自費（?）で、字を彫ることばかりはよその手をかりたというのである。除幕式でなく落成式という名のもとに、四年生以上の子供たちが出席してくれた。子供たちは、土曜日、十一時までの授業のあとで、校庭の天幕の堰に可愛い膝をそろえていてくれた。選ばれた三、四年の女生徒が上級生や来賓に大いにはにかみながら幕を払ってくれた。思いがけない大きないい石が座っていて、その裾にはここの誇りといえる噴井《ふきい》の水をさらさらと落としている池も作られていた。さきに、天幕の席と書いたが、まるで抜けるような大秋晴に、照りつける日の強さはたくさんに張られた天幕があって有りがたかった。子供たちの席も天幕の中で安心した（『中村汀女　汀女自画像』）

この式典のことはその夜テレビのニュース番組でも取り上げられ、私はあらためて感心した。昭和四十六年、汀女が七十一歳のときのことで、私は小学校六年生であった。

私は俳句を趣味としないが、それでも中村汀女の句を読むと故郷が偲ばれ抒情を感じるのを禁じ得ない。私は詩を書かないし、俳句も短歌も作らない。日本語の現代詩は私の文学趣味からもっとも遠いところにあって読むことすらないけれども、それでも俳句や短歌なら読むことはある。日本人は明治時代の言文一致の過程で、漢詩に取って代わる定型詩を確立することができないまま、漢詩を作る素養を無くすのと同時に定型詩を失ってしまったのだと私は思っている。しかしそのかわりに俳句や短歌がある。俳句や短歌は、日本人の詩心を満たすものとして衰えることがないだろうと思っている。

俳句や短歌を作る人はたいていどこかの結社に加入して、そこで作法や決まり事などを教え教えられながら活動をするから、それは芸術というよりもお茶やお花の習い事に近いように感じられるが、それでも、あるいはそれだからこそというべきかもしれないが、広く社会に浸透して日本人の詩情や心象風景を形成する土壌としていまもある。

桑原武夫の「第二芸術論」が雑誌『世界』に掲載されたのは昭和二十一年のことである。

この「第二芸術論」は俳句の芸術性を痛烈に批判して、当時の俳壇に大きな衝撃を与えた。俳句は作品としての価値が評価されるものではなく俳壇における作者の地位によって評価が左右されているが、そもそも俳句の表現形式は芸術性を追求できるものではない。小説、演劇を第一芸術とするならば、俳句はより劣る第二芸術と呼ぶべきだ、というのがその批判の骨子である。

その頃の汀女は俳人としてすでに大成していた。何冊かの句集が出版され、「第二芸術論」が発表された翌年に俳誌『風花』を創刊、主催するようになる。『風花』の創刊号には武者小路実篤、本多顕彰、河盛好蔵が一文を寄せ、室生犀星が五句を贈った。第二号には佐藤春夫、渡辺一夫が寄稿、高浜虚子が五句を載せた。なかなか豪華な顔ぶれである。高浜虚子は『ホトトギス』の主宰者で、汀女はその同人として世に出たから、虚子は汀女の師匠であり恩人である。『ホトトギス』は俳聖正岡子規が明治三十年に創刊した俳誌で、虚子が子規から引き継いだ。言ってみれば汀女は、子規が確立した俳句という表現形式の正統な継承者である。「第二芸術論」が気にならないわけがない。汀女は『風花』創刊号の後記にこう書いている。

桑原氏は、あの第二芸術論のために、俳壇人があれまで大騒ぎしようとは意外であった。俳壇というところは、あんなことくらいで騒ぎ出すようなものを内にも外にももっていたのだったのかと、かえって自分の方が驚いたといわれたということです。なかなか面白い話だと私は思いました。とかく問題というものは、持ち廻っていると、議論のための議論になる危険性がありますす。要は、自覚と見識にかかっていることで、ここに俳人の反省の余地があると思われます。動じない態度というものは、立派な仕事をするためには、精魂をかたむけきっている人だけに見られるもののようです。（『中村汀女　汀女自画像』）

明治大正時代には俳句を詠む女などいなかった。昭和になってから高浜虚子が『ホトトギス』に女性欄を設けて女性にも句作を勧め、後世に名を残す女性俳人が現れるのだが、中村汀女はそのひとりであった。汀女もそうだが、『ホトトギス』の女性俳人たちは良家に嫁いだ主婦で、句作の題材は家庭生活が中心であったから、彼女たちの作るものは安穏とした「台所俳句」であるとの批判があった。その批判も汀女はしっかりと受けとめている。

私の作るものは台所俳句といわれ、凡俗な道を歩むものだということになった。台所俳句とは女流の句をけなすのに、大変重宝らしく、あらゆる人が使った気がするし、現在に至るまで尾をひいている。私はちっとも気にしなかった。私たち普通の女性の職場ともいえるのは、家庭であるし、仕事の中心は台所である。そこからの取材がどうしていけないのか。ひとりの女の明け暮れに、感じ浮かぶ想いを、ひとりだけの言葉にのせ文字にする、それだけでよろしいのではあるまいか。俳句第二芸術論もやかましかったが、そんなむずかしいことは考えないで、自分の浮かび来るものを作るしかなかった。(『中村汀女　汀女自画像』)

一九〇七年(明治四十年)生まれの文芸評論家山本健吉は汀女の句について、「気の利いた表現の典型的な主婦俳句であり、台所俳句である」と評しつつも、「だがこのような凡人性の中に、こまやかで清新な女の感性が染み透っていることに於いて、彼女に如く者はない」と評している。

しかし汀女が俳句の題材にしたのは家庭生活における身辺些事ばかりではない。幼い頃から江津湖の水とそこに棲む生物と遊んだ彼女は、豊かな観察眼をもって自然の風景を豊かに詠んでいる。

四つ手網あぐるや網目張る水輝かし
鳰《かいつぶり》葭《よし》に集りぬ湖暮るる
貝蝶にはっしと光る渚かな
井守手を可愛くつきし土の色
ながれ行く水草もあり冬日暮る

これらの句を読むと私には、汀女という人が、人間社会も家庭生活も大きな自然の世界に包まれているのだと意識しながら、平凡な日々の暮らしをむしろ前向きに受け入れて生きていたように思われるのである。

幼い頃から江津湖で水の世界に親しんだ汀女ならではの句もある。

棲む魚の砂走りする清水かな

水の中でじっとしていた魚が、何かに反応して素早く反転すると、川底の砂が舞い上がる。川釣りをする人ならその瞬間を見たことがあるはずだ。釣り竿を手に持って流れの緩やかな場所でそっと近づいたつもりが、鱒が何かを察知してさっといなくなってしまうことがある。そういうとき私は自分の迂闊さを呪いながら、汀女のこの句を呟いて気を取り直すのである。

二　兄と弟

下江津の菅原神社の前を流れる小川で、子供の頃によく釣りをした。

菅原道真を祭神とする村の小さな神社は子供の遊び場であった。神社に集まると、鬼ごっこや隠れん坊をして遊び、小川で誰かが釣りをしていると見物に行った。戦争が終わって満州から復員した父は、江津湖を見て帰郷を実感し、塘からの坂を下りて菅原神社で遊ぶ子供らの姿を見て本当に戦争が終わったのだと思った。子供らは遊ぶのをやめて、体格の良い兵隊服姿の若者を珍しそうに見た。父は子供らのなかに一番下の弟がいたのでその名を呼ぶと、弟が不思議そうな顔をしたので、なんだ兄者の顔を忘れてしもうたか、といって弟の頭を拳骨でごつんと殴った、と、当時五歳であった叔父から聞いた話である。

菅原神社の前を流れる小川の水は、この一帯の小川や用水路はどれもそうだけれども、地下からの湧水を源泉としているから、清らかに透き通ってそこで泳ぐ魚の姿が見えている。水面にはアメンボウ、水面下にはメダカが泳ぎ、そして川底に藻が漂いその合間を縫うように魚が群れている。まれに大きな鯉が悠々と泳いでいることもあるがこれは滅多なことでは釣れない。水中を亀が泳いでいることもある。

家からこの小川まで、子供の足で歩いても五、六分ほどである。釣りは村の子供にとって身近な遊びであった。幼いころから年上の子供たちの釣りのようすを脇から眺めているから、遅かれ早かれ必ず釣りをするようになるもので、どこの家の小屋や納屋に釣竿の一本や二本はあった。家になければ、村のよろずやで子供の小遣いで足りる値段で仕掛けや餌を売っているからいつでも手に入る。細い竹を乾燥させて枝を切り落としただけの竿である。それに竿よりも少し長い釣り糸に鉤と浮きをつけるだけの簡単な仕掛けで、餌はキンバエの幼虫（つまり蛆虫）か、練り餌で、釣れる魚はこの地域でハヤ、ビンタと呼ばれる雑魚だけれども、それでも釣れれば面白い。面白くてたまらない。たまに鮒が釣れると大いに喜んだ。釣れた魚はバケツに入れておく。そして釣りが終わると川に戻すのである。川沿いの畦道を通るのは、田圃への往き帰りの大人か、暇を持て余した子供で、いずれにしても顔を見知った村の住人である。大人も子供も通りがかりに無遠慮にバケツの中を覗きこむ。立ち止まって釣りを眺めていることもある。農村ののんびりした昼下がりのひとときである。水面の浮きを見つめ、二度三度沈んで竿をあげると魚が掛かっている。魚が掛からずに餌がなくなることもあるが、子供でも簡単に釣れる。子供は新しい遊びを覚えると、飽きるまでその遊びを続けるものだけれども釣りは飽きることがない。釣りをしなくなるのは飽きるからではなく、その性分が釣りに向かないのである。

釣りを覚えた子は釣りばかりしているが、それでも友だちとも遊ばなければならないし、他にすることもあって釣りばかりしているわけにもいかない。子供は子供なりに忙しいのだ。そうして釣りから離れても、小学校の行き帰りに川を覗きこんでいるうちにやっぱり釣りがしたくなってきてまた釣りをする。

私は釣りをするときには友だちと一緒か、兄と一緒であった。ひとりでは釣りに行くな、と父から言われていた。

それは私が小学校の一年生か二年生のときの、夏のある日のことであった。いつもの場所で、兄と私ともうひとり、兄よりも一つ年上のKちゃんと三人で釣りをしていると、Kちゃんが、江津湖に行けばもっと大きな魚が釣れるはずだから、と言い出して、Kちゃんに引率されるかっこうで場所を移動することになった。江津湖の塘にのぼって画図橋を渡ると、橋のたもとに恰好の釣り場所がある。そこへ行って竿を出してみたのだが、まったく釣れずに、Kちゃんが場所を変えようと言ったので、三人で下流に向かった。いまは遊歩道のある下江津湖の岸辺だが、当時は未整備で、アシ、背高アシ、ハギ、カヤツリソウなどの、背丈ほどもある草叢をかきわけて進まなければならない。

Kちゃんと兄は探検隊気分で、声をかけあいながら先へ進んだ。そして適当な場所が見つかると竿を出してみるのだが、水辺にホテイアオイなどの水草が繁っているから、岸から子供の小さな竿を差し出しても水面に届かない。それでは魚が釣れるはずもなく、釣れないから釣れる場所を求めてさらに下流に向かうのである。

そのうち日が暮れてきた。魚は一尾も釣れず、Kちゃんと兄がそれぞれ手に持ったバケツは空のままである。そろそろ帰らなければと思うのだが、未練がましく釣り糸を垂れたまま、いまに釣れるはずだからとKちゃんが言うので、なかなか切り上げられない。しかし魚は釣れず、ウキにアタリすらない。

いよいよ日が沈みあたりが暗くなってから、もう帰ろう、とKちゃんが言ったので、ようやく引き返すことになった。帰り道も背丈ほどある草をかきわけて、先頭をKちゃん、次に兄、そして私がその後をついていくのだが、暗くて足元が見えないのに急ぐものだから靴が水に浸かって濡れてしまう。暗くて怖い、と私は弱音を吐いた。遅れずについてこい、と言う兄の声も不安気であった。私は泣きそうになるのを我慢して、二人に遅れまいと必死で後を追った。塘を越えて村の入口でもある菅原神社の裸電球を見たときにはほっとして、兄と顔を見合わせて笑った。釣れなかったけど面白かったな、また行こう、とKちゃんは笑った。

すっかり暗くなって家に帰りつくと、庭先に居た母が、ああ、良かった、帰ってきた、と言いながら私を抱きしめた。父は近隣の人たちと一緒になって、兄と私を方々探し廻っているらしかった。姉が無事に帰ってきたことを知らせに出かけ、しばらくしてから姉と一緒に父が帰ってきた。

いまごろまでどこで何をしていたのか、と、父は険しい表情で兄に尋ねた。兄が江津湖に釣りに行っていたと言い終わる前に、父が平手で兄の頬を叩いた。兄はその場に倒れた。私も叩かれるかと身を強張らせたが、父は私を見ることもなく、立ち上がった兄に向かって怒鳴った。そんなところまで暗くなるまでほっつき歩いて、弟が溺れでもしたらどうする、おまえに助けられるか、助けられないだろう。

兄も私も父を怖れていたので、常日頃から父を怒らせないようにしていたのだが、このときはもうどうしようもなかった。夕暮れの湖畔で不安な気持ちで家路についたとき、こうなることは兄にも私にもわかっていたのだ。

江津湖に行こうと誘ったのはKちゃんだ。私はそれを父に言おうと思ったのだが、しかし言えなかった。兄も黙っていた。父には何を言っても言い訳にしかならない。言い訳をするな、男の癖に見苦しい、と父をさらに怒らせることになる。だから兄も私も黙っていた。父に叱られながら兄は俯いて肩を小さく震わせていた。泣くのを我慢しているのだ。泣くと、男の癖に泣くな、と父がさらに怒るからである。お前は長男なのだから、長男としての責任がある、と父は兄に言った。常日頃から父は兄にそう言っていた。いまでもこの地方で育った者の人格形成に影響しているように見受けられるのだが、父には男らしさに拘りがあって、それは封建的な家制度の残滓に他ならないのだが、自分の子供にも、特に長男である兄には、男らしくあることを常に求めた。泣くな、弱音を吐くな、つべこべ言うな、ぐずぐずするな。男らしくしろ。父に叱られる兄の背中を見ながら、私は、私のために叱られている兄が気の毒に思えた。そうして兄の背中を見ていると、何か胸を圧迫されるような息苦しさを感じて、私は声をあげて泣きだした。すると父が、おまえが泣いてどうする、と呆れたような顔をして、そうして兄と私は解放された。

その日からしばらくは兄も私も釣りをする気になれなかった。

父は若かった頃に柔道で己を鍛えたが、柔道は太るし歳を取って続けるのは難しいからと兄と私には剣道を勧めたので、兄も私も中学校に入学すると剣道部に入った。兄と私は三つ違い、私が中学一年の時に兄は高校一年であった。しかしながら不幸なことに中学校の剣道部には兄の時代から担当の指導教員がおらず、部活動は生徒たちの自主性に任されていた。夏休みなどには剣道部の先輩である高校生が練習に加わることもあった。そうすると練習はときにしごきになって、激しい稽古は暴力的になることすらあった。その辛いしごきにひとりまたひとりと同級生が剣道部を辞めていくのだが、体育館の一角にある、道着にしみこんだ汗の臭いが充満する部室で、退部を申し出て正座する同級生を先輩たちが見守るなかで殴らならければならなかった。抵抗することのない相手を殴るのである。退部を申し出た同級生は、順番待ちに殴られるうちに口が切れて血を流すのだが、それでも正座をしたまま殴られ続ける。そうして私は中学の一年から二年まで、無抵抗の同級生を何人も殴った。あんなことはもう嫌だ、と私が兄に愚痴をこぼすと、兄は困ったような顔をして、「高校ではもっときつくなる」と言った。そうしてワイシャツの胸元を肌けると、首のすぐ下が痣だらけになっていた。中学の剣道では禁じ手の突き技で、兄はしごかれていたのだ。

私の同級生で中学三年生まで剣道部に残ったのは私ともうひとりだけで、私は先輩に指名されて剣道部の主将になった。そして私は三年生になると、主将として新入部員を容赦なくしごき、退部する下級生をその同級生に殴らせた。

私は高校に進んでからは部活動に一切関わりを持たなかった。中学校での汗臭くて暴力的な部活動に懲りてしまったうえに、志望校に不合格になって失意のまま滑り止めの高校に進学したから、部活動どころか高校生活そのものに積極的な意味を見いだせなかったのでもある。高校受験での挫折に加えて、実らぬ恋にもがき苦しんでもいた。片思いである。恋焦がれるその異性が私に見向きもしないのであれば、それほど苦しむことはなかったかもしれないのだ、彼女は私のことは好きだけれどすでに交際している相手がいるから、と言い、それでも誘えば逢ってくれるし、電話で話もする。だから私の想いは募るばかりで、私は二十歳を過ぎて彼女が結婚するまで叶わぬ恋に身を費やした。受験での挫折と片思いで、私は暗い鬱屈した気分で高校生活を送り、勉強には身が入らず、喫煙の習慣に捉われ、酒を呑むことさえあった。そうして自己救済の唯一の方法であったはずの大学受験で自尊心を取り戻すほどの成果をあげられずに、それが競争社会での自分の人生を暗示するようにも感じつつ、私は敗者の気分のまま上京して大学生になったのである。

東京にはすでに大学生の兄が暮らしていた。私は兄と、兄が大学を卒業するまでの二年間を一緒に暮らした。大学受験で一年浪人をした兄は、私が入学した年に三年生になって、大学受験に煩悶していた頃とは見違えるような明るさで、ラグビー仲間と充実した学生生活を送っているように私には見えた。兄弟とはいえ男二人で共同生活をしていると、苛立つこともあれば腹の立つことも互いにある。それでなくとも私の物憂げな気力の無さは兄の気にいらなかったはずだし、兄の健康的な明るさはその頃の私の気分にそぐわなかった。兄の留守中に女子学生を連れこみ、そこに兄が突然帰ってきて気まずい思いをしたその夜、おまえがいったい何がしたいのかわからないが、と照明を落とした部屋で眠れぬ私に兄が言った。兄と私は同じ部屋に、布団を並べて寝ていたのである。黙って寝返りを打つ私に、おまえがどういうふうに生きていくつもりなのか、いったい何を思い悩んでいるのか、おれにはわからないが、と兄は私に言った。おまえは自分の好きなように生きていけばいいではないか。おまえは家のこと、親のことなど気にしなくていいのだから、自分の人生を、好きな場所で好きなように、自由に生きていけばいいのだ。親の面倒はおれが見る、と兄は、返事をしない私に言って聞かせた。

私は何も言わなかった。なぜ兄がそのようなことを言うのか私にはわからなかったのである。私は親の面倒を見ることなど考えたことのないうつけ者であったのだ。

兄は大学を卒業して就職すると、やがて自分のその言葉通りに勤め人として働きながら郷里に帰る段取りをして両親の面倒を見た。私は兄の言った通りに東京に残って自分の好きなように生きた。大学生になって東京で一緒に暮らしていた当時、二十歳になる頃の兄は長男としての責任から解放されていたのだ、と私が気づいたのはそれから何年も過ぎてからのことである。

三　釣りの仕掛け

アーネスト・ヘミングウェイの『二つの心臓の大きな川』はフライフィッシングを題材にした小説である。十代の半ば頃に読んだこの短い小説は印象的な題名とともに心に残り、私はフライフィッシングを趣味とするようになってから何度か再読した。

若かった頃には小説を読み身震いをするほど感動することがあった。いまでも私は小説を読むけれども、いつの頃からか感性が衰えて小説の主人公に感情移入するのが容易ではなくなった。物語に共感できずに途中で投げ出してしまうこともある。そういう時に気を取り直して若かった頃に読んだ小説を再読してみる。ヘミングウェイの作品に限らず、若かった頃に、とくに十代の頃に読んだ小説は心に深く残っているもので、読み進むうちに燐の火のような光を胸に感じる。大人になって実社会で生きるうちに忘れてしまった何か熱いものが甦ってくるようなのだ。そうしてかつて読んだ小説を再読すると、世俗にまみれて曇らせてしまった心にもまだ芸術的な感性が残っているらしい、と安堵するのである。

『二つの心臓の大きな川』はヘミングウェイの初期の短篇小説集『われらの時代』に収められた作品で、第一次世界大戦に出征して心に傷を負った主人公ニック・アダムスがミシガン州の山奥で単身野営をして釣りをする話である。戦争から母国に戻った主人公は不眠に悩まされている。ある日遠出をして、かつて戦争に往く前に釣りをした川に向かうのだが、途中のよく見知った町は火事ですっかり焼けてしまい、その風景に戦争での悲惨な体験を重ねて思い出しもする。そして野営用具を背負ってひとり山奥に入ってテントを張り、缶詰のパスタとパンを食べて、ひとり静かに眠る。翌朝早朝、多数のバッタを採取し、それを鉤につけて鱒を釣る。釣れた鱒は食べる一尾だけ残して後は川に戻すのだが、何尾か釣るうちにその日一番の大物を釣り損なってしまう。そういう話である。

ヘミングウェイはこの小説の題名を、ミシガン州北部のルース郡を流れてスペリオル湖に注ぎこむ全長二十三マイルほどの「二つの心臓の川」(Two Hearted River) から採った。風変わりなその名称は北米大陸の先住民が名づけたものを英語に直訳したものらしい。ヘミングウェイが実際に釣りをしていたのは、やはりミシガン州のマニスティック川支流の「狐川」(Fox River) である。小説で描写されているのも「狐川」の景色であるという。ヘミングウェイが「二つの心臓の川」を小説の題名にしたのは、その名に詩興があるからに違いないが、自分の釣り場所を公にしたくないという釣り師の心理も働いたようである。

ヘミングウェイはウエットフライの釣りが好きだったが、作中の主人公は毛鉤を使わずに生きたバッタを採集し、それを鉤に取り付けて鱒を釣る。フライフィッシングとしては無粋な方法だが、ヘミングウェイは主人公の心象風景を表現するために敢えて生きた餌を描いたのではないだろうか。主人公に毛鉤を使わせるとなると、その毛鉤がドライなのかウエットなのか、カディスかストーン・フライか、あるいはニンフかと、そういうことを書かなければならない。そうでなければフライフィッシングのわかる読者は不満を感じてしまうはずである。どんな毛鉤を使うのか。大きさはどれくらいか。浮かせるのか、沈めるのか。流すのか、引っ張るのか。フライフィッシングの愛好者にとっては重要なことだけれども、そうでない一般の読者にはわかりにくい話である。だからヘミングウェイは、主人公に毛鉤ではなくバッタを使わせたのに違いない。『二つの心臓の大きな川』には若きヘミングウェイの小説家としての芸術的野心と釣り師の企みが交錯しているのである。

ところで、ヘミングウェイは後年フライフィッシングの鱒釣りよりも、『老人と海』『海流の中の島々』に描かれるような海での大物狙いを好むようになるのだが、ヘミングウェイにとって、川の鱒釣りは癒しであり、海での大物釣りは闘いであったという。

英国発祥のフライフィッシングが米国経由で日本に広まったのは昭和の終わり頃のことである。やはり英国発祥のゴルフやテニスが、米国経由で日本に広まったのと同じ事情である。戦後の高度経済成長の時代、日本人はなんでもかんでも米国人の真似をした。ハリウッドの映画を観て、ジャズやポップスを聴き、ジーンズにTシャツ、スニーカーを履いて、コーラを飲み、ハンバーガーやピザを食い、やがてルアーやフライで釣りをするようになったのである。生活の豊かになった日本人の趣味は多様化し、釣りも人気が出て日本のメーカー、ダイワやシマノなどが、釣り道具を作るようにもなった。

フライフィッシングの道具は十八世紀末から十九世紀初頭にかけて、産業革命の余波で技術的な開発が進み商業的にも発達した。例えばロッドやリールの金属部品の加工や、それまで手作りだったフライラインの量産が可能になり、大西洋を跨いで米国で普及した。英国では特権階級のための釣り倶楽部が川を管理していたから、釣りは貴族の娯楽としてなお敷居が高かったけれども、自然の豊かな新大陸の東部には川鱒（ブルックトラウト）、西部には虹鱒（レインボウトラウト）が棲息しており誰でも釣りを満喫できたのである。米国にも釣り道具を製造し販売する業者が数多く現れ、その道具の普及でさらに釣り人が増えた。

ヘミングウェイの時代には、フライフィッシングの道具は英国製よりもむしろ米国製の方が豊富に揃っていたはずである。それでもヘミングウェイは英国ハーディ社のロッドを愛用していた。パリで暮らしたことのあるヘミングウェイの小説には欧州趣味が漂っているから釣り道具の好みにもその傾向があったのかもしれない。

フライフィッシングの愛好家に馴染みの深い釣り道具の米国オービス社は一八五六年、日本では幕末の頃の創業である。チャールズ・オービスが釣竿作りから始めたオービス社は、長い歴史のなかでいくたびかの経営危機を乗り越え、いまでは米国を代表するアウトドアブランドとしてである。

オービスの創業者チャールズ・フレデリック・オービスは一八三一年、米国バーモント州マンチェスターに生まれ、子供の頃から釣りに親しんだ。バーモント州は米国東部の内陸のカナダとの国境にあって、その面積のほとんどは山と森林の自然豊かなところで、今日でも州の人口は僅か六十万人余りである。当初はフランス領の植民地だったが一七六三年にフランスから英国へ割譲された。そして一七七六年のアメリカ独立宣言の翌年にバーモント共和国として独立し、一七九一年に合衆国十四番目の州となった。バーモントの名は仏語で緑の山々を意味するレベールモン（Les Verts Monts）が由来らしい。オービス本社のあるマンチェスターは人口四千人ほどの小さな町で、美しい自然と歴史的建築物の調和した観光地として人気がある。町名は英国の貴族マンチェスター公爵に因んでいる。オービスリールの商品名になっているバッテンキルはマンチェスターを流れる川のことで、ここで川鱒が釣れる。

チャールズ・オービスは、一八七四年に開発したリールで釣り道具屋としての地位を確立した。

現在もオービス社から復刻版が発売されて人気のこのリールは、側面に穴を開けることで軽量化とともに通気性を持たせてフライラインの乾燥を容易にした。当時のフライラインは馬尾や絹糸ででできており、乾燥させせなければ長持ちしなかったから、オービスのこの発明は画期的であった。一八七四年版のフライリールは歴史的な定番となった。

かたや英国のハーディ社は一八七二年の創業で、創業者ウイリアム・ハーディが、ノーサンバーランド州の古い小さな城下町アーニックで銃砲店を開業したのがその始まりである。ノーサンバーランド州はイングランドの最北に位置し、スコットランドとの境界にある。州北部にツイード川、南部にはタイン川があり、その二つの大きな川の間をコック川、ティル川、そしてアーニックを流れるアルン川がある。それに大小さまざまな湖や池もあって、いたるところで鮭、鱒の釣りができる。釣り文学の古典『釣魚大全』には「ノーサンバーランドは大きな鱒がいるところ」と紹介されている。当時は狩猟も釣りも英国紳士の嗜みであったから、銃砲店を営む釣り好きのハーディが、お客の要望に応えて釣具を扱うようになったのは自然の成行きだったようである。ハーディ社の創業は、『日本事物誌』を書いたバジル・ホール・チェンバレンが来日する前年のことである。ひょっとしたら、チェンバレンはハーディのロッドで日本を釣り歩いたのかもしれない。

創業期のオービス社もハーディ社も、いわゆるスプリットバンブーロッドの商業化によってその地位を確立した。バンブーロッド登場以前のフライロッドは、グリーンハート、ランスウッド、ヒッコリーなどの木材で作られていた。いずれも硬く重い材質で日本ではあまり馴染がないが、欧米ではビリヤードのキュー、アーチェリーの弓、スキー板、ドラムのスティック、ボートの外装材などに使われている。フライロッドは素材の変化とともに、より短く、より軽くなって、二十一世紀の現在、日本の川では七フィートから八フィートのロッドが一般的に使われるが、『釣魚大全』が出版された十七世紀の中頃のフライロッドは、十五フィートから十八フィートもあった。今日でも湖や大きな川では長いロッドを使うけれども、それもせいぜい十二、三フィートである。昔のロッドはそうではなくても長かったのだが、技術の進歩でラインの飛距離が伸びて長いロッドを振り回す必要なくなったのである。

フライフィッシングの技術的発展は道具の軽量化の歴史でもある。

十八世紀の終わり頃の木材製のロッドは十二フィートから十五フィートほどあって重たいうえに、反りや歪みが生じやすく先端が折れやすかった。やがてロッドの先端部分に竹材を使って柔軟性を持たせる工夫がなされ、そして竹材で作ったロッドが誕生する。バンブーロッドでは十一、十二フィート程度の長さが標準になる。初期のバンブーロッドは印度産のカルカッタケインと呼ばれる竹で拵えられた。竹を縦に裂いて六角形の棒状に張り合わせ、継ぎ目を入れて二分割または三分割した、いわゆるスプリットバンブーである。その後カルカッタケインに代わって、中国産のトンキンケインが、フライロッドにより適した竹材として使われるようになり、四分割、六分割の竿も作られるようになった。スプリットバンブーロッドは英国で開発されて、米国のレオナルド社の創業者ヒラム・ルイス・レオナルドが質の高いバンブーロッドを量産することに成功する。レオナルドがバンブーロッドの生産に着手したのは、オービスに商業的な成功をもたらしたリールの開発と同じく、一八七四年のことである。レオナルドはバンブーロッドの一時代を築いてフライフィッシングの歴史を作ったが、その事業を受け継いだレオナルド・ロッド・カンパニーは一九八四年に消滅してしまう。ものづくりを百年も続けるのは並大抵のことではないから、オービスやハーディが重宝されるのはもっともなことである。レオナルドのフライロッドは、オービス社や英国のハーディ社の年季の入った道具もそうだけれども、好事家の蒐集品として高値で取引されている。

四　記憶の扉

ヘミングウェイを読むようになる前、小学生のまだ低学年だった頃にテレビで見たある映画の一場面が不思議な記憶としていまもある。何しろ昔のことだからその映画の題名も内容もすっかり忘れてしまったのだが、その場面だけははっきりと覚えている。それはなんでも英国か米国の戦争映画であった。将校らしき軍服姿の男が執務室で下士官の報告を受けながら、ときおり右腕を肩の高さにあげて、何も持っていないその手を、あたかも何かを持っているかのように前後に規則的に振っている、そういう場面である。高い地位にある厳しい顔つきの軍人が、戦時下にあって、腕を前後に振ってフライフィッシングの動作を真似ているのだ。当時、フライフィッシングのことを知る由もない。しかし軍人のその行動は子供の心に、何か不思議な、強い印象を与えたのに違いない。その映画の一場面はやがて記憶の奥底に深くに沈んで、思い出すことも忘れることもなく、何年も過ぎた。そして大人になってから何かの拍子にその映画の一場面を思い出して、「ああ、あれはフライフィッシングだったのか」と気がついた。しかし、それがなんという映画だったのかはまったくわからない。その場面を思い出すだけである。映画に詳しい友人知人に尋ねてみたこともあるが誰も知らないし、何もわからない。何がきっかけでその場面がフライフィッシングだと気づいたのか、それさえもわからない。本当にそのような映画があったのか、そのような場面を見たのか、それも心もとない。夢を見たのか空想だったのか、とその記憶を不思議に思うばかりである。

記憶の不思議を題材にした映画に、オーソン・ウェルズの『市民ケーン』がある。一九四一年に制作された古い映画だが、大富豪チャールズ・フォスター・ケーンの波乱万丈の生涯を描いた、映画史に残るオーソン・ウェルズ監督の代表作である。物語は荒涼とした豪邸で、主人公ケーンが死の間際に「Rosebud（薔薇の蕾）」と呟く場面から始まる。ひとりの新聞記者が、ケーンがいまわの際に呟いた言葉に、毀誉褒貶に満ちたその人生を解き明かす鍵があると考えて、ケーンに関わりのあった人びとに「薔薇の蕾」の謎を解くためにインタビューを重ね、それとともにケーンの人生が映し出されてゆく。ケーンを演じるのは当時弱冠二十五歳であったオーソン・ウェルズ監督自身である。

ケーンは貧しい家に生まれたが、母親の土地に金鉱が発見されて、一家は一夜にして富豪になった。母親は息子のケーンに英才教育を受けさせた。その断固としたところはケーンの性格に受け継がれるのだが、母はいやがる息子を家から無理矢理引き離した。そして成人したケーンは傲慢で野心的な事業家になる。倒産寸前の新聞社を買収して、母親譲りらしいその性格と相俟った強引な経営の仕方で飛躍的に成長させる。興味本位の暴露記事を掲載することで、発行部数を飛躍的に伸ばすのである。友人は諫めるが、ケーンは聞く耳を持たない。むしろ新聞社、出版社を次々に買収して、莫大な富と強大な権力を手に入れるのである。そして政治的野心のために大統領の姪と結婚し、やがて知事選に立候補するのだ。ケーンの野望はとどまるところを知らない。

しかし圧勝を予想された選挙を前に、ケーンは敵対する新聞紙にオペラ歌手との愛人関係を暴露され、選挙に敗れ、妻に離婚される。人生で初めての挫折である。その挫折を埋め合わせるかのようにケーンは愛人のために巨大なオペラ劇場を建設し、支配下にある新聞で大々的に宣伝するのだが、もともと歌手としての才能などない愛人は不評を買うばかりで、結果的に彼女は追い詰められて自殺をはかり、ケーンのもとを去る。そしてケーンは孤独な死を迎えるのだ。結局新聞記者には「薔薇の蕾」の謎がわからない。主を失った豪邸では夥しい遺品が整理され、大きな暖炉の燃えさかる炎のなかに、次から次へと投げこまれる。そうした遺品のなかにケーンが子供の頃に遊んだ橇がある。親元から嫌々ながら引き離された日に、雪の降り積もった庭でひとり遊んでいた橇である。その橇が暖炉に投げこまれて燃えあがると、その橇に描かれた薔薇の蕾が大きく映し出される。その薔薇の蕾が、炎に包まれて灰になる場面で映画は終わる。橇に描かれた薔薇の蕾は何を意味するのか、そのさまざまな解釈が余韻となって心に残る。

子供の頃のある記憶がその人の生き方に影響を与えた話を、それももう昔のことだけれども、若かった頃に交際していた女性から聞いたことがある。彼女は子供の頃にテレビで観た映画の一場面、ドイツのある街のある建物の中を可憐な少女が階段を駆け昇る姿に、不思議な力で強く惹きつけられた。西欧都市の美しい街並みに建つ荘厳で重厚な建築物の中を、白い肌の人形のような少女の歩く姿は、絵画のような印象で彼女の記憶に残り、いつしかドイツは彼女にとって憧れに地となった。彼女は大学でドイツ語を専攻し、その場面の舞台となった街と建物を根気よく調べ、それをついに探しあてる。大学卒業後、彼女は働いて旅費を貯え、その記憶に残る場所をはるばるドイツに尋ねた。そしてそこに立って、ああ、ここだった、と記憶の扉を解放したのである。

それから何年もの年月が過ぎて、中年になった私は仕事でドイツを訪れるようになった。彼女のことも、彼女の人生をドイツに引き寄せたその街と建物の名前も忘れていたのだが、何度かドイツを訪れるうちに、ふと彼女と彼女のその記憶にまつわる話を思い出した。そしてドイツの街並みとともに彼女のことを懐かしく思い出したけれども、その後彼女がどのような人生を過ごしたのかはわからない。

五　養沢川

一九九二年（平成四年）の春から一九九五年の秋まで、私は栃木で釣りばかりしていた。釣りに行くときはひとりのこともあれば、O君とAさんと一緒のことも多かった。O君と二人で行くこともあったが、三人で行くことのほうが多かった。春から秋まで川に行き、冬の間は管理釣り場に行った。O君とAさんとの釣行は、私にとって大切な時間であった。三人で釣りに行くときはいつもO君が連絡係になって、私はAさんと直接連絡を取り合うことがなかった。Aさんとのつき合いは釣りに行くだけで、それ以上発展することがなかった。

東京に戻ることが決まった夏の終わりに、いつものようにO君とAさんと三人で湯西川へ釣りに行った。私が東京に戻ること、だから三人での釣行はこれが最後なのだとO君はAさんに伝えてあると言ったのだけれども、湯西川で釣りをしたその日、Aさんは私が栃木を離れることについて何も言わなかった。私も何も言わなかった。私たちはその日いつものように釣りをして、釣りの話に終始して別れた。Aさんと会ったのはそれが最後である。

O君とは、東京へ引っ越しする一週間前に、二人で箒川に行った。フライフィッシングで生まれて初めて山女魚を釣った川である。

その帰り道にO君が

「たまには、栃木に釣りに来てくださいよ」

と言った。

「そうだね、月に一度くらいは、釣りに来るから」

本当にそう思いながら、私は家族を連れて東京に戻った。

小学校一年生だった長男は、転校したくないと言って泣いたが、やがて転入した小学校に馴染み、新しい友だちもできたようであった。

「元の生活に戻ったね」

と妻は言った。

私はまた仕事に追われるようになり、大都会で慌ただしい日々を過ごした。満員電車に乗って会社に通い、仕事帰りに酒を呑んで憂さを晴らし、週末には二人の息子の相手をして過ごした。釣りに行きたいとは思うのだが、なかなかその機会はなく、釣り道具は引っ越し荷物の段ボール箱に入れたまま冬になった。そうして春になったら釣りに行こうと思いながら冬を過ごした。河川での山女魚や岩魚の釣りの解禁は概ね三月一日である。解禁日が気になるけれども、具体的な計画にはならない。解禁日が過ぎ、春が来て、梅雨になり、いよいよ夏になった。うだるような暑い日になんだか無性に川で釣りがしたくなり、ついにO君に電話をかけた。宇都宮を離れてほぼ一年ぶりである。O君とは簡単な挨拶をするだけで話がすぐにまとまった。せっかく栃木で釣りをするなら、と日光湯川へ行くことにした。

午前三時頃に世田谷の自宅を出て、途中渋滞はしたけれども、約束の十分前に、待ち合わせの赤沼茶屋の駐車場に着いた。O君は六時ちょうどに現れた。

「月に一度のつもりが、年に一度になってしまった」

私がそう言うと、O君はよく日焼けした顔を綻ばせた。

「来年もあるじゃないですか」

釣りを始める前に、まずそれぞれの車に乗って上流へ移動し、湯滝近くの駐車場に私の車を停め、O君の車に同乗して再び赤沼茶屋に戻った。そうしておけば釣りが終わってからくたびれた体を引きずって四キロほどの道を歩いて戻らなくても済むのである。私とO君は赤沼茶屋から湯川に入り、湯滝まで一日かけて釣り上った。午前中に見事なブルックトラウトが何尾か釣れた。O君と釣りをするときはいつもそうだったように、昼時になるとそれぞれコンビニで買った弁当を食べ、また上流に向かいながら釣りを続けた。

途中、戦場ヶ原の木道を歩いているときに、私はふとAさんのことを思い出した。

「Aさんはここが好きじゃなかったね。いいところなのに、ここは妙に霊感が働いてしまうからとか言って」

私と並んで歩いていたO君が、急に立ち止まった。

「どうしたの?」

「そうか。おれが言わなかったから、知りませんよね。Aさんは死にました」

私は何か冷気のようなものを感じた。

「いつ？」

「三月の中頃です。自殺でした」

私は思わず身震いをした。

「おれが知ったのはAさんが亡くなってから二週間ほど過ぎてからで、連絡が取れなくなっておかしいなと思っていたのですが。葬式をやったかどうかもわからない。死んだと知ってからすぐにAさんの家に行ってみたのですが、もう空き家になっていました。持家だったはずなんだけど、奥さんがどこに引っ越したのかわからず、連絡先も知らないので、Aさんの墓がどこにあるのかもわかりません」

戦場ヶ原を一陣の風が通り抜け、私はまた冷気を感じた。

Aさんは何かに悩み苦しんでいたのである。しかしそれが何であるかはわからない。Aさんは自分のことをあまり話さなかった。まだ知り合って間もない頃に私が出身地を尋ねると、「東京」と素っ気なく言うだけだったから、私はそれ以上何も尋ねなかった。その後一緒に釣りをするうちに、Aさんが東京で生まれ育ったこと、東京で仕事をしていたのだが、何かがうまくいかなくなって宇都宮に流れてきたということがAさんとの会話の断片から知れた。しかし私はAさんが東京のどこで生まれ育ったのか、いつまで東京にいたのか、どこの学校を出たのか、何の仕事をしていたのか知らない。私はAさんの過去のことや家族については何も尋ねなかったし、Aさんも私に聞くことがなかった。

Aさんが死んだことを知って、私はAさんの姿とAさんの家の佇まい、そしてAさんの奥さんの姿を思い出した。釣りに行く途中、O君の車でAさんの家に迎えに行き、Aさんを見送る奥さんと何度か挨拶をしたことがある。Aさんが奥さんとどこで知り合って、いつ結婚したのかも知らない。O君も何も聞いていないという。私はO君のそういうところを好ましく思っていたのだが、O君は私の私生活や家族のことを、私が話さないかぎりは話題にしなかった。AさんはO君にも自分を語ることがなかったらしいのだが、だからAさんはO君と私とを、釣行仲間に選んだのかもしれない。

「ニュージーランドに移住して釣りをして暮らしたい」

とAさんは私に言うことがあった。フライフィッシャーにとって、ニュージーランドは憧れの地なのである。そして「一緒に行かないか」と冗談に交じりに言った。「いいですねえ」と、私は笑って応じたものの、Aさんのその誘いは冗談ではなく本気のように感じられた。私はAさんの人生についてほとんど何も知らず、釣り好きのAさんを知るばかりである。私にもO君にもAさんの自殺の動機はわからない。しかし私には、そしておそらくはO君にも、Aさんの自殺に不審を抱くことがなく、むしろ有り得ることのように感じられた。

Aさんは私が東京に戻ったことを残念がっていた、とO君は言った。私を誘って養沢川に釣りに行こうか、と言っていたという。私は養沢川を知らなかった。

「東京に養沢川っていうフライ専用の釣り場があるんです。おれは行ったことがありませんけど」

とO君は言った。

それから、私とO君は川に入って釣りを続けた。釣りに没頭しているときに、ふいに何かが脳裏を掠めることがある。家族や仕事のこと、子供の頃の懐かしい風景や過去のさまざまな記憶の断片などが、ふと脳裏に浮かぶことがあるのだけれども意識はそこに向かわないからすぐに消えてしまう。その日私は釣りをしながら何度となくAさんを、Aさんの釣りをする姿を思い出した。

O君との夏の終わりの釣りが上首尾に終わり、東京に戻るとすぐに私はまた釣りに行きたくなった。そこで私はO君から聞いた養沢川へ行ってみることにした。

養沢川は東京都あきるの市を流れる多摩川上流の支流の川である。そこにアメリカ人トマス・ブレークモアが私財を投じて鱒を放流して開いた毛鉤専用釣り場がある。

ブレークモアは一九一五年に年米国オクラホマ州に生まれて、一九三八年にオクラホマ州の弁護士資格を取得し、米国内で弁護士を務めながら、英国ケンブリッジ大学で国際法、東京帝国大学で日本法を研究した。第二次世界大戦後に再び来日すると、マッカーサー司令部の法務部に勤務した。そして一九四九年（昭和二十四年）に日本語で司法試験に合格し、東京に弁護士事務所を設立した。弁護士として日米の企業を相手に仕事をして、相当の資産を築いたらしい。それから四十年にわたって日本に滞在したけれども晩年は米国に戻り、一九九四年にシアトルの自宅で歿した。享年は七十四歳である。

ブレークモアが自己資金で養沢川を借りて鱒を放流し、毛鉤専用の釣場を開業したのは昭和三十年のことである。現在は社団法人として地域の人々が川の管理と釣り場の運営をしている。自然の渓流を利用した風情のある管理釣り場で、全長四キロほどの川に山女魚、岩魚、虹鱒、川鱒が泳いでいる。十一月から三月までは禁漁期間である。

私は養沢川に通うようになった。山梨の道志川、桂川、静岡の狩野川、群馬の神流川などでも釣りをしたが、たいして釣れはしなかった。養沢川ではよく釣れたし、都心から高速道路を使わずに行けるし、渋滞に悩まされることもない。そうして養沢川に通うようになって、何年か過ぎたある日のことである。

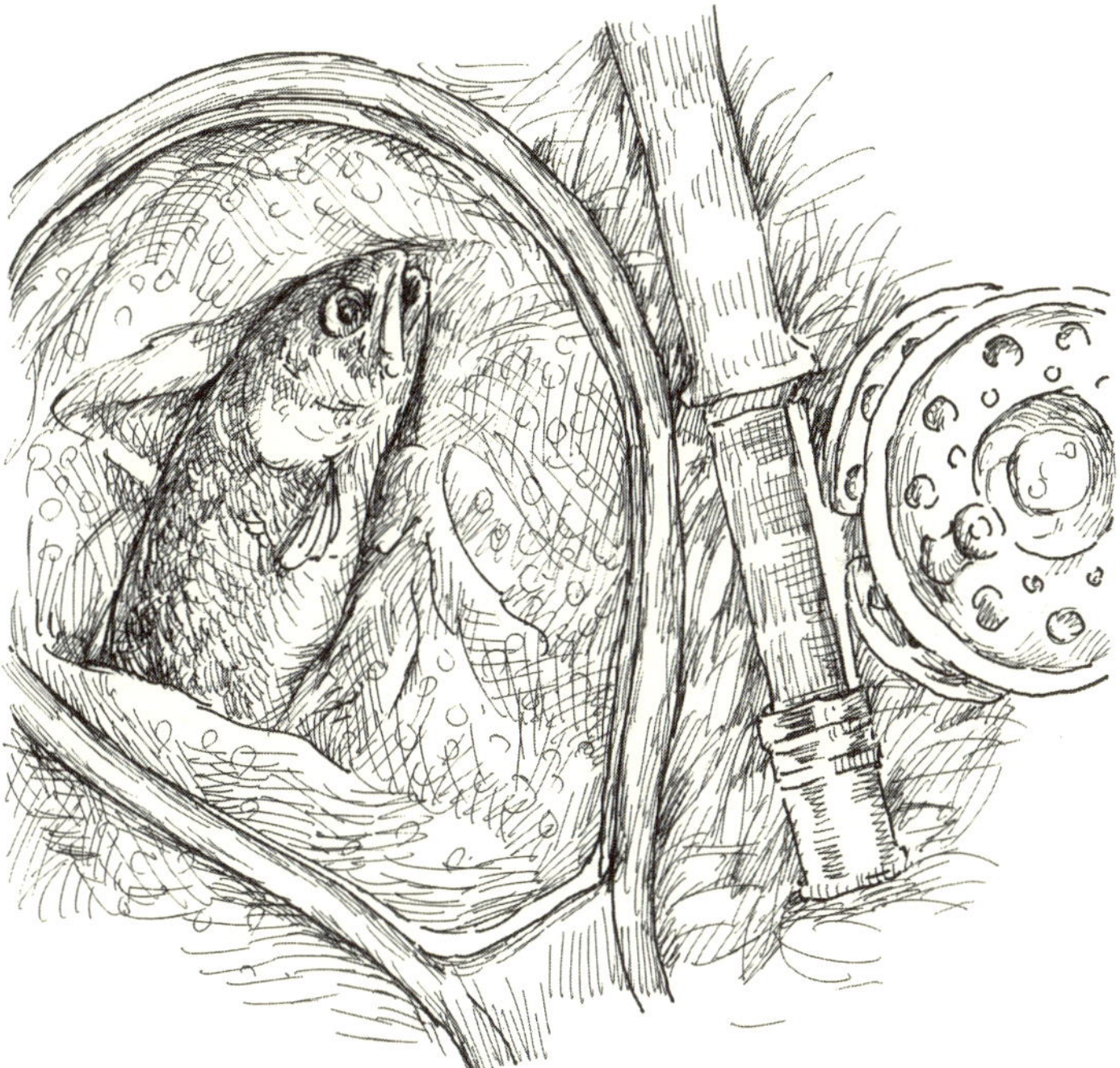

その日も養沢川で早朝からひとりで釣りをして、釣りの受付のある丸太小屋で昼飯を済ませた。釣れるのは虹鱒ばかりで、山女魚はあまり釣れなかった。どうしたら山女魚が出るのだろうかと考えながらしばらく休憩をした後、午後の釣りを再開しようと川岸に下りて歩いていると、テンガロンハットをかぶった背の高い人がキャスティングをしていた。人違いかもしれないと思ったが、よく見るとやはりAさんが慕っていた釣り同好会の会長だった。会長は慣れた手つきのゆったりとしたキャスティングで、白いフライラインが空中にゆるやかな曲線を描いている。

私は宙に曲線を描くキャスティングラインを見ながら、ちょっと迷ったけれども、会長の背後から近づいた。私が声をかけると、彼と一緒に来たらしい付近の数人が、こちらを見た。

会長はキャスティングをやめて私を見た。私の顔を見て、それから私の格好と道具を確かめるように見た。背が高いので、私を見下ろすようである。私のことを覚えていないのか黙っているので私が、

「何年か前、鬼怒川の解禁日で、Aさんと一緒に釣りをしたことがありました。皆で温泉に行って、蕎麦を食いました」

と言うと、「おう」と、会長は低い声を出した。

「そうか、Aと一緒だったな」

「そうです、Aさんと一緒でした」

「あんた、東京に引っ越したんだろう。Aがそんなことを言ってたな」

「はい」

会長は私の顔をじっと見た。

「あいつ、死んじまったよ」

「ええ。そうらしいですね。O君から聞きました」

と私は言った。

「そうか、知ってたのか。もう何年になるかな」

「四年前、ですね」

会長は頷くと、

「Aは……」

と何か言いかけたけれども、途中で口を噤んだ。

会長は昔と変わらず、日に焼けた顔に頑丈そうな体をしていたが、印象的だった笑顔を見せることはなかった。

「あんた、東京でも釣りを続けてたんだな」

「ええ、たまにですけど」

会長はあたりを見回した。私たちの近くにいた会長の仲間らしい人たちは、それぞれキャスティングをしていた。黄色やオレンジのフライラインがゆるやかに舞っていて、皆見事なキャスティングをしている。

「Aと、何度かここに来たことがあった」

「そうでしたか」

「あいつとは、いろんなところで釣りをした」

会長はそう言うと、またゆっくりとあたりを見回した。景色を見ているようなのだが、何かを探しているようにも見える。

「Aさんはよく会長のことを話していました」

会長は私を見たまま何も言わなかった。私にも、それ以上話すことがなかった。

そうしてお互い黙ったままだったので、

「それじゃあ」

と私は言った。

「おう」

と、会長は低い声で言った。

私はその場を離れ、キャスティングをする人たちの背後を通りぬけて川の上流に向かった。Aさんはやはりここに来たことがあるのだなと思った。会長と二人で来たのだろうか。同好会の仲間もいたのかもしれない。私が振り返ると、会長は大きく、ゆったりとキャスティングをしていた。見事なキャスティングである。

私は川の流れの中に鱒の姿を見ながら、上流に向かって歩いた。そして立ち止まり、下流を見た。ふと、気がつくと、会長の姿が消えていた。あたりを見回してみたが、その姿はやはりもうどこにもなかった。

六　アルンデル・アームス・ホテル

私は日記を記さないので、個人的なさまざまなできごとは時とともに記憶装置の不思議な働きに濾過される。思い出したくないことは記憶の底に閉じこめてしまうものだ。あるいは、自分の都合のいいように書き換えられているものだ。良い思い出にしても、記憶の細部は曖昧になり、ときには忘れてしまうことさえある。釣りのことも、川の風景と釣った魚の姿は鮮明に覚えているのに、それがいつのことだったかとなると曖昧である。それでも英国の釣り宿、アルンデル・アームス・ホテルに宿泊したのが二〇〇三年四月であったことは、そこで買い求めた本『西部地方の毛鉤釣り』(West Country Fly Fishing)に、釣り宿の女主人でその本の編者でもあるアン・ボス・バークさんの署名とその年月が記されているから間違いがない。バークさんから署名を貰ったときには気にもしなかったのだが、それが四月の何日であったかは記されていないから残念ながら正確な日付がわからない。

私は彼女に署名へのお礼と宿での滞在を楽しんでいることを伝えたが、高齢であった彼女は、ひょっとするとその日が何日なのか、わからなかったのかもしれない。しかし客人に日付を訊ねるのは憚られ、署名に日付が抜けてしまったのではないか、とも思う。アルンデル・アームス・ホテルに案内してくれたT君に訊いてみたのだが、日記をつけているわけではないからわからないと彼も言うのであった。いまとなっては、それが四月の何日であったか、もはや確かめる術がない。

アルンデル・アームス・ホテルは、ロンドンから二百マイルほど西南西のデヴォン州の村リフトンにある釣り宿で、テイマー川とその支流のリド川、スラッシェル川などの二十マイルほどを所有している。五月から六月が英国の最も美しい季節だと言われるが、二〇〇三年四月のその滞在中も雨に降られることがなく、私は当時ロンドンに駐在していたT君夫妻とアルンデル・アームス・ホテルに三泊し、新緑の美しい風景の中で数匹のブルックトラウトとグレーリングを釣った。グレーリングは英国から欧州大陸の淡水に棲む鮭の仲間である。日本語でカワヒメマスと名づけられているが、日本にはいないので私はこのとき釣って初めて実物を見た。そして、ああ、これがグレーリングか、とその姿をしみじみと眺めた。

テイマー川は、イングランドの南西の半島を北から南に貫いており、デヴォン州とコーンウォール州の境界にもなっている。全長六十マイルほどで、高低差が二百メートルほどの流れの緩やかな川である。テイマー川の西側がコーンウォール州、東側がデヴォン州で、その水はプリマス湾で英仏海峡へ注がれる。

デヴォン州の気候は北大西洋海流の影響を受けて温暖である。冬の最低気温は摂氏四度ほど、雪はあまり降らない。真夏でも最高気温は二十度を超えることはないらしい。

私はフライフィッシングを趣味とするようになって、いつかは英国で釣りをしてみたいと思っていたから、滅多にない英国出張の機会を得ると早速T君に連絡をしてその実現を企てたのである。

T君とは若かった頃に六本木や西麻布で朝方まで飲むことがあった。その頃の遊び仲間にルアーフィッシングに熱心なのがひとりいて、その彼に誘われ芦ノ湖や山中湖でバスフィッシングをしたことがある。私の釣りの経験は三十歳を過ぎてからフライフィッシングを始めるまで、その頃の数度のバスフィッシングと子供の頃の小川での釣りだけであった。いまから思えば二十代の頃の私には釣りに興じる心の余裕がなかったのである。そうした余裕が怠惰に感じられるほどに何かに追われているようでもあった。もともと多趣味であったT君は釣りがすっかり好きになり、バスフィッシングのタックルを揃えて釣りを続けた。T君とはその後も酒はよく飲んだが、私は釣りには行かなくなり、T君はやがてニューヨーク駐在になって東京を離れた。二十代の終わり頃のことである。

そうしてある日ニューヨークに駐在していたT君から絵葉書が届いた。「イエローストーンに釣りに来ている」ということが、その美しい風景の絵葉書に、ニューヨークに移り住んでからバスフィッシングを再開したのだけれど、その後フライフィッシングに転向したのだということと併せて書いてあった。インターネットが普及する前のことで、普段顔を合わせることのない親戚や知人に近況や無事を知らせるのに、旅先から絵葉書などを送る習慣があった。それと前後してフライフィッシングを始めていた私は、T君にクリスマスカードでそのことを知らせた。

そうしてT君と私は、偶然ながらフライフィッシングを趣味として共有するようになった。数年後T君がニューヨークから帰国すると、私はT君を誘って養沢川に釣りに行った。T君も養沢川が気に入り、年に何度か二人で養沢川に釣行するようになった。そうして何年か過ぎて、T君はロンドンに赴任することになった。T君が英国で暮らすようになって二年ほど過ぎた頃、私は仕事で英国を訪れる機会を得たのである。

T君が私を案内するのに有名なテスト川やイッチェン川ではなくロンドンから遠く離れたテイマー川を選んだのは、T君がニューヨークにいた頃に「米国のフライフィッシング雑誌にアルンデル・アームス・ホテルが紹介されているのを読んで、いつか訪れてみたいと思っていたから」であった。

アルンデル・アームス・ホテルの女主人アン・ボス・バークさんは一九二八年に、サーの称号を持つ上級弁護士（Barrister）の父ウイルフィル・ベネットの娘としてロンドンに生まれた。父親から英才教育を授けられ、大学進学の道が整えられていたにもかかわらず、アンさんは舞台女優を志して劇団に入った。シェイクスピア劇で何がしかの役を得て米国公演にも参加したが、英国に戻ってからはたいした役は与えられなかった。それでも好きな舞台俳優をして暮らしていたのだが、父親が亡くなると経済的に自立しなければならなくなり、広告代理店に就職し、そこで最初の夫ジェラルド・フォックス＝エドワード氏と知り合った。フォックス＝エドワード氏は気管支炎と肺炎を患って大気汚染の酷いロンドンでの生活に苦しんでいた。二人は結婚後にアルンデル・アームス・ホテルを買収し、フォックス＝エドワード氏の療養を兼ねてそこで新しい生活を始めた。一九六一年のことである。

アルンデル・アームスは十八世紀に建てられた古い建物である。一九二〇年代から釣り宿として利用されていたが、夫妻が購入したときには浴室のない貧弱な客部屋で、ボイラーで石炭を燃やすと食堂は煤だらけになる有様だった。夫妻は大幅な改装を施して、アルンデル・アームスを釣り宿として再建した。ご主人が釣りの案内、奥さんは宿泊客の世話をした。新生活も釣り宿の経営も順調にいっていたのだが、病に侵されたご主人の命は長く続かなかった。一九七二年にフォックス＝エドワード氏が亡くなると、アンさんは釣り宿の経営をしなければならなくなった。釣り宿の主人が釣りを知らないでは済まないから、とアンさんはフライフィッシングに挑戦するのだが、アルンデル・アームスには幸運なことに、ロイ・バッキンガムさんがリバーキーパーとして働いていた。

英国で「ギリー（Gillie）」とも呼ばれるリバーキーパーは、釣り場としての川を魚にとって良好な状態に保つのが仕事の、文字通りの川の管理人である。川の土手が崩れ落ちないように固めたり、川辺の木々を剪定したり、水草を取り除いたりして、魚の餌となる水生昆虫の棲息に適した環境を整え、釣り人のために魚の数を一定以上維持するように努め、釣り人の世話もする。バッキンガムさんはウェールズ地方のフライキャスティング大会で優勝したこともある釣りの名人で、フライフィッシングのインストラクターでもあった。

アンさんはバッキンガムさんに教わりながらフライフィッシングを始めた。そして最初の一尾を

釣り上げると、それまでの人生で経験したことのない神秘的な瞬間にすっかり魅せられてしまう。アンさんはそうして四十代半ばでフライフィッシャーになり、名実ともに釣り宿の主人になった。

T君と私はアルンデル・アームス・ホテルでバッキンガムさんにアルンデル・アームス・ホテルの敷地内にあるコックピットを利用した釣り道具置き場を案内してもらった。コックピットはかつて闘鶏場として使われていた六角形の建物で、内部には闘鶏のための囲いが残っていた。壁には多数のフライロッドが立てかけてあり、さまざまな種類のフライが並べられていて、バッキンガムさんはそれらのロッドやフライについて説明をしてくれた。

私が東京から来たと言うと、バッキンガムさんは面白そうに笑った。

「何年か前に日本人が数人で釣りにやってきたことがあったな。わざわざ日本から来たというのに一泊か二泊だけで、釣りをして慌ただしく帰っていったよ」

アルンデル・アームス・ホテルで買い求めた本『西部地方の毛鉤釣り』には、バッキンガムさんの「シートラウトの釣果」(Success with the Sea Trout) を含む十三篇の随筆が収められている。シートラウトは欧州原産のブラントラウトの海降型で、西部地方のたいていの川に棲んでいる。しかしながら、西部地方のシートラウトの釣りは英国の別の地方や他国での経験や方法は余り役に立たないから、それなりの覚悟をもって臨まなければならない、とバッキンガムさんは書いている。バッキンガムさんは、アルンデル・アームスを訪れた釣り人から「ここにはシートラウトなどいないのではないか、まったく釣れないではないか」と不満を聞かされることがある。しかしそれは間違ったフライを間違ったやり方で投げているからだ。釣り人が釣れないと文句を言ったその場所で、バッキンガムさんはその翌日もしくは前日にシートラウトを釣り上げたことが何度もあるのだそうだ。シートラウトには夜釣りが最適である。しかし暗闇の中で釣りをするのは簡単ではないから、慣れと工夫が必要で、昼間に川のようすをしっかりと確かめておかなければならない。鱒をよく釣る人は要するに川をよく知る人なのである、と「シートラウトの釣果」には書かれている。バッキンガムさんは一九六九年から二〇〇八年に六十六歳で引退するまで、アルンデル・アームスでギリーとして働いた。

『西部地方の毛鉤釣り』は、バッキンガムさんとアンさんの二人目の夫コンラッド・ボス・バークさんを含む十二人のフライフィッシャーの随筆を集めたもので、アルンデル・アームス・ホテルの五十周年記念にアンさんが、コンラッドさんの協力で企画したものである。アンさんがコンラッド・ボス・バークさんと再婚したのは一九七五年で、この年コンラッドさんが六十二歳、アンさんは四十七歳である。それから八年後の一九八三年に『西部地方の毛鉤釣り』が発刊されている。コンラッドさんはフライフィッシャーとして釣りについての著作もある英国放送協会（ＢＢＣ）並びにタイム誌の通信員だったが、アンさんとの結婚後はアルンデル・アームス・ホテルでフライフィッシングのインストラクターを務め、アンさんと二人で釣りを楽しむこともあった。

『西部地方の毛鉤釣り』にはコンラッドさんの「辺境の川」(Frontier Rivers)と「時は流れて」(As Time Went By)の二篇の随筆が収められている。「辺境の川」は、デヴォン州とコーンウォール州との境を流れるテイマー川と、デヴォン州とサマセット州との境のエグゼ川での鮭釣りについて書いたもので、釣りの経験の豊かなコンラッドさんは、テイマー川を英国における最良の鱒の釣り場だと評している。

　スコットランドの川よりも狭く、鮭の十ポンドほどの大きさのものが多く大物が釣れるのは稀ながら、鮭に勢いがあるのだ。(「辺境の川」筆者訳)

　テイマー川のフライフィッシャー、——ロイ・バッキンガムやハービー・シモンズ——は、鮭を釣るためにフライを常に動かしている。それもできるかぎり素早く、変化をもたせて動かすほうがいい。(「辺境の川」筆者訳)

と、その釣りの特徴を述べている。コンラッドさんがテイマー川を代表するフライフィッシャーとして名前をあげるハービー・シモンズは、かつてテイマー川を数百年にわたって代々所有していたベッドフォード公爵家の執事でテイマー川のギリーでもあった。

『西部地方の毛鉤釣り』には、テイマー川で釣り上げられた巨大な鮭についてのシモンズの回想も紹介されている。

ベッドフォード家は十六世紀の中頃からコーンウォール州一帯に広大な土地を所有し、領地としてその景観を整え、十九世紀になると釣り場の整備をした。巨大な鮭を釣り上げたのはベッドフォード家の第十二代当主の二男ヒュー・ラッセル卿である。

その日シモンズはテイマー川にボートを浮かべてラッセル卿の釣りの案内役を務めていた。アルンデル・アームス・ホテルから十数マイルほど下ったあたりである。卿の仕掛けは、1/0番のシルバーグレイのフライ、ハーディパナコナの十六フィートスプリットケーンのロッドに、ヴィクトリア王朝時代につくられたファーローズの特大ブラスのリールであった、と、シモンズは述懐している。このリールは英国放送協会（ＢＢＣ）の戦時アナウンサーだったライオネル・マースデンがその祖父から受け継いだもので、後にシモンズはラッセル卿からこのリールを下賜され、宝物としてその思い出とともに大切にしていた。

大物が掛かって卿のロッドが撓ると、シモンズは懸命にボートを漕いだ。卿のフライに喰らいついた鮭は上流に二百ヤードばかりも突進すると、下流に向かってまた二百ヤードばかり戻った。

「閣下、もっと強く引いてください！」

シモンズが大声でラッセル卿を励ますと、卿も大声で応えた。

「無理だ、ハービー。いまいましい背中がもう悲鳴をあげている」。(『西部地方の毛鉤釣り』筆者訳)

この二人に堰堤から人々が声援を送った。ハービーは大物を追いかけてボートを漕ぎ、上流から下流へ、下流から上流へと三度も往復させられた。もしボートに乗っていなかったら取り逃がしていたに違いない、とシモンズは回想のなかで述べている。

鮭がくたびれて水面に姿を現したところをハービーがやっとのことで網に捕獲したけれども、この格闘は実に三時間に及び、釣り上げた獲物は二十七・五ポンド(約十三キロ)もあった。

（『西部地方の毛鉤釣り』筆者訳）

シモンズのこの回想はベッドフォード家の十二代当主が亡くなる一九五三年より前のことに違いない。当主が没すると、相続税のために資産整理が必要だったらしく、広大な領地は切り売りされ、川は釣りの管理組合に譲渡される。

「第一次世界大戦前の公爵家の広大な領地での鮭釣りの記録を読むと、その時代の雰囲気が感じられるものだ」と、コンラッド・ボス・バークさんは『西部地方の毛鉤釣り』に収められた「時は流れて」に書いている。西部地方に鉄道網が巡らされる十九世紀初頭までこの地域の川で釣りを愉しむのは地元の一部の人々だけで、そのなかにはジョージ・P・R・プルマンのようにその著作によってドライフライの父としてフライフィッシングの歴史に残る人物もいたのだが、毛鉤釣りの技術も作法もまだ発展途上にあって、プルマンもそうだが、その時代の釣り人はまだ毛鉤に拘ることなくミミズや虫や小魚などの生餌も使うものだった。川を遡上する鮭やシートラウト（ブラントトラウトの降海型）はその殆どを領主が商業目的で捕獲していたから毛鉤釣りの対象にならず、鮭釣りは領主の特権でもあった。

かつては広大な領地を所有する公爵ともなれば、ギリーが川に鮭のいることを、しかも必ず釣れることを事前に確かめてから、運転手つきのロールスロイスで川辺まで行くものだった。運転手は召使とともにピクニックの支度をし、その支度が整った頃に公爵夫人と子供たちが到着する。その間領地で働く労働者は、ギリーと運転手と召使を除いて、そこに近づくことさえ許されなかった。ハービー・シモンズのラッセル卿の釣りの思い出は、そうした貴族の特権的な、しかしだからこそ古風で優雅な釣りの風景でもある。

フライフィッシングは貴族趣味を形式化し、紳士気質を規則化することで成熟してきたのである。シモンズは生粋の毛鉤信奉者で、スピナーの釣りを軽蔑していた。日本でスピナーといえば一般的にはルアーフィッシングの疑似餌のことだけれども、フライフィッシングにもサーモン用のスピナーがある。黄色や赤の派手な色使いのいわゆるサーモンフライの一種で、水中を素早く引いて文字通りスピン（回転）させサーモンを刺激して食いつかせるのである。スピナーは、シモンズにとって水生昆虫を模して釣る毛鉤とは一線を画すもので「あれはスポーツとは呼べない」と侮蔑さえしている。シモンズがそうであったように、フライフィッシャーにとって釣果は無論重要なのだけれども、実は釣果よりもその形式と作法がより重要なのである。英国人のいうところのスポーツマンシップである。フライフィッシングの歴史は釣りの形式と作法の追求であるといってよい。もともと釣りをすることは、とくにフライフィッシングは、思索をすることでもあるので、数多くのフラ

イフィッシャーがその追求の成果をそれぞれに書き遺して、英国にはフライフィッシングに関する膨大な量の書物がある。なかには釣りの指南書でありながら文学的な価値を認められた書物が、アイザック・ウォルトンの『釣魚大全』の昔から少なからずある。

アルンデル・アームス・ホテルはアンさんの人柄と経営手腕によって釣り宿として賑わい、ジャーナリズムの高い評価を得て有名になったが、コンラッドさんは二〇〇〇年十一月二十三日に八十七歳で亡くなった。その頃ニューヨークに暮らしていたT君が米国の釣り雑誌でアルンデル・アームス・ホテルの記事を読み、いつか訪れてみたいと思ったのだった。

アンさんはフライフィッシングと車の運転が好きでポルシェ928に乗っていたのだが、七十五歳の時に息子に説得されてジャガーに乗り換えたという逸話が遺っている。ちょうどT君と私がアルンデル・アームスに宿泊した年のことである。

T君夫妻と私はホテルのレストランでの夕食では、まずビールを飲みながら、前菜と主菜、そして主菜に合わせた赤ワインを一本選び、三人でボトルを空け、それからバーに移動してシングルモルトのウイスキーを飲んだ。ホテルに滞在した三日間、我々はビールと赤ワイン、そしてシングルモルトのウイスキーを飲んだのだが、滞在初日にホテルのレストランでT君夫妻と私が夕食を取っていると、アンさんは一目でそれとわかる宿の女主人然とした装いと振る舞いで客席を回り、我々

のテーブルに来ると、

「食事は如何かしら。お気に召しましたか」

と笑顔で問いかけた。

「大いに楽しんでいます」

私が日本から来たフライフィッシャーだと言うと、アンさんはちょっと驚いたような顔をした。

「日本にも鱒がいるのですか？」

「ええ、日本の川にも鱒がいて、フライフィッシャーがいます」

と私が答えると、

「日本の鱒」

と、アンさんは不思議そうに呟いた。遠く離れた異国の川の風景とそこを泳ぐ鱒、そして釣り人のことを想像してみたのだろうか。それまで日本の鱒のことなど考えたことなどなかったのかもしれない。四十代半ばで釣り宿の主人となったアンさんは、英国の西部地方とそこを流れる川で後半生を生きたから、国外はおろか英国内を釣り歩くことなどなかったはずである。宿のすぐ近くに豊かな川が流れ、見事な鱒が泳いでいるのだからその必要もないのだけれど、アンさんはテスト川やイッチョン川で釣りをしたことがなかったかもしれない。

アンさんは、私たちの滞在二日目の夜も、そして三日目の夜も夕食時に優雅な装いでレストランにあらわれ、テーブルからテーブルへと客に挨拶をして回った。ホテルの売店で買い求めた釣りの本『西部地方の毛鉤釣り』に彼女から署名をもらったのが二日目か、三日目だったのかはっきりとしないが、いずれにしても夕食のたびにT君夫妻と私は、アンさんと会話を交わした。

アルンデル・アームス・ホテルでの滞在は快適だった。部屋は広くはないけれどもほどよく装飾が施され、清潔で、きちんとお湯も出るし、食事も良かった。ホテルに到着したその日は夕方だったので釣りはせずにホテルの近辺を三人で散策した。バッキンガムさんにコックピットを案内してもらい、ホテルの管理するリド川と池について説明を受け、池で釣りをするなら「これで釣れるはずだ」と大き目のフックに赤い糸を巻いただけの毛鉤を渡された。

滞在二日目の早朝、私とT君は釣りの支度をし、宿で前日に注文しておいたランチボックスを受け取って、牛が草を食む牧場を歩いて通り抜け、リド川へ行った。私はウエーダーとロッドをT君から借りることにした。当時私の持っていたフライロッドはどれもツーピース、二つ折の仕様のもので手荷物にするには長すぎるし、ウエーダーは嵩張って出張の邪魔になってしまう。T君は釣り道具をたくさん持っているから必要なものは何でも借りることができたのだけれども、リールとフライボックス、それにフライベストだけは出張荷物に入れて日本から持って行った。自分の巻いた

フライで釣れるかどうか、試してみたかったのである。

リド川では自分専用に割りあてられた区間で釣りをする。割りあての区間のことを英語でビートと呼ぶ。一ビートは一マイルである。私とT君はそれぞれ専用の一ビートで昼まで釣りをし、私は何匹かのブルックトラウトとグレーリングを釣った。昼食はホテルで持たされたランチボックスを、T君と牧場で牛に見守られながら食べた。T君はブルックトラウトを何匹か釣ったけれどもグレーリングは釣れなかったといって、私がグレーリングを釣るのに使ったフライを尋ねた。私は日本で普段よく使う十六番のカディスやパラシュートでブルックトラウトを釣り、グレーリングも釣った。午後はT君と割りあて区間を交換して夕暮れまで釣りをして、やはり何匹かのブルックトラウトは釣り上げたが、グレーリングが釣れたのは午前中の一匹だけだった。

三日目は午前中リド川で、午後はホテル所有の池で釣りをした。池ではバッキンガムさんから「これで釣れるはずだ」と手渡された、大き目のフックに糸を巻きつけただけの細い虫に似せたらしいフライを沈めてみたがあたりがとれないので、結局日本から持ってきたフライボックスの中にある自分で巻いたニンフを使ってブルックトラウトを何匹か釣った。

アンさんは二〇〇八年に息子に譲るまで釣り宿の経営を続け、二〇一二年十一月十八日に八十四歳で亡くなった。アンさんが息子に宿の経営を譲ったその年に、一九六九年から三十九年間アルンデル・アームス・ホテルでギリーとして働いていたバッキンガムさんも引退をした。バッキンガムさんにフライフィッシングを教わった人は数千人にのぼるという。

七　故郷へ

釣りを始めた頃は熱に浮かされたように釣りに出かけたものだが、何年か過ぎるうちにやがて釣りに冷静に向き合えるようになった。実際問題として釣りばかりして暮らすわけにはいかない。社会で暮らしていくのに必要なこと、あるいは当然のこと、仕事と家庭とに纏わることをしながら、その合間に釣りをするのだから、釣りばかりに夢中になっていられないのだ。

人生で何事かを成し遂げる人はきっと若い頃に志を立てている。目標を立ててその達成に向かって突き進んでいくものだ。若かった頃の私は志もない癖に自分の凡庸な人生に苛立つことがあった。勉強のできも運動能力も芸術的感性も月並みで、何も秀でたところがないのに、あるいはだからこそかもしれないが、現実の自分ではない何者かになりたかったのだ。私は将来の目標が方向も定まらぬままに漫然と受験勉強をして大学へ進み、人並みに就職をして社会に出た。そして自分の凡庸さと凡庸な人生を呪いつつ日々を過ごすのだが、やがてそれを自分の人生として受け入れるようになった頃に釣りを覚えた。釣りが人生にとってどのような意味を持つのかは人それぞれであるが、私にとってはいま在る自分ではない別の何者かでありたいという現実逃避の欲求を満たすひとときでもあった。釣りは私の人生の別の時間なのである。

三十歳を過ぎてから宇都宮に暮らして釣りを覚え、東京に戻ってからも釣りを続けた。利根川水系の神流川上流、あるいは荒川上流あたりにでかけることもあったが、多摩川上流の養沢毛鉤専用釣り場に行くことが多かった。北海道で釣りをしたこともある。北海道は釣り人の楽園である。釣り人は少なく、魚は多い。景色もいい。北海道の常呂川で桜鱒、尻別川では雨鱒を釣った。西日本の川を釣り歩いたこともある。熊本に帰省した折、球磨川水の支流の川辺川で釣りをしたこともあるが一匹も釣れなかった。いつかまた挑戦したいと何年も思い続けているのだがいまだに実現しない。

釣りを始めてから十年ほど過ぎた四十代の半ば頃、私は転職を決めて新しい仕事に就く前に長期休暇を取った。釣りの旅をするためである。仕事からも家庭からも離れて自由気儘に東北の川を釣り歩きたかった。凡庸な人生に倦んだせいでもないのだけれど、私は転職を繰り返していた。家庭を疎かにし、妻を裏切ってもいた。転職を機に長い休みをとって、しばらくただ釣りがしたかった。釣りを習い覚えた栃木から、さらに北に向かって福島、宮城、岩手、青森、秋田、山形の川を釣り歩こうと思っていた。時間があるとフライを巻きながら旅行の計画を立てた。

しかしその休暇の直前、突然父が倒れた。

その朝、いつも早起きの父がなかなか部屋から出て来ないので、兄が覗きこんで声をかけると返事はなく、父はベッドで目を虚ろに開けたまま意識を失っていた。驚いた兄はすぐに救急車を呼び、命は助かったものの父は意識不明の重体であった。

知らせを受けて私はすぐに父のもとへ駆けつけた。父は病院のベッドでただ両目を見開いているばかりで意識はなかった。体はほとんど動かず、腕に点滴の管がつながれ、胸にも穴を開けて管が通されている。目をぎょろぎょろさせるばかりで話しかけても反応はなく、痰が詰まってときどき苦しそうに顔を歪める。父が顔を歪めると、枕元の機械に表示されている脈拍計と血圧計の数値が上下した。

「返事はせんでもわかっておらす」と見舞いに来た叔母や叔父は言ったが、私には父の意識が覚醒しているようには思えなかった。お父さん、と耳元で呼びかけても何の反応もない。

「これで、わかっとらすとだろか」

と叔母と叔父の帰った後に私が兄に訊くと、

「どうだかな、そう思いたいのだろう」

と兄は言った。

母のことも気懸りであった。父の倒れる前夜父は兄と、ぼんやりしていることの多くなった母の認知症について話し合っていたのである。母には父が入院していることが認識できないらしく、その母に病院で寝たきりの父の姿を見せるべきかどうか兄は躊躇っていた。父が救急車で運ばれるのを母は黙って見ているだけで、事態が呑みこめていないらしい、と兄は言った。私が病院の父の様子を話して聞かせても、母は、ああ、とか、うん、そうね、と気のない返事をするばかりである。

私は高校を卒業して家を出て東京で暮らすようになって、父と母に会うのは年に一度か二度の帰省のときだけである。そのたびに両親が老いていくのを感じた。そうしていつの頃からか、帰省して顔を会わせると、口に出して言ったことはないけれども、これが最後になるかもしれないと思うようになった。父が倒れた年の正月にも帰省してそう思い、それから三ヵ月後にはたして父は倒れてしまったのである。医師は、予断は許さないが三ヵ月から半年は生きながらえるだろうと言った。私は父の容態を確認すると、仕事があるのですぐに東京に戻った。

東京から兄に電話をすると、父の容態に変わりはなく、兄はむしろ進行しつつある母の認知症を話題にした。認知症の治療といっても病院で処方される薬だけが頼りなのに、その薬を呑み忘れてしまうことがある。「お父さんの見舞いに行こうか」と誘うと不思議そうな顔をするから、「お父さんは脳梗塞になって入院しているから、当分家には帰ってはこない」と説明をすると、「ああ、そうね、そうだったね」とわかったような返事をするのだが、本当にわかっているのだか心もとない。「しかし、それもこれも仕方のないことだから、あまり心配しないように」と兄は私に言った。「おまえは家のこと、親のことを気にしなくていいのだから、自分の人生を好きな場所で好きなように自由に生きていけばいいのだ。親の面倒はおれが見る」と、東京で一緒に暮らしていたときに兄が言ったあの日から二十年以上が過ぎて、ついにそのときが来てしまったのである。

転職の狭間で休暇中であった私は東北方面へ釣りの旅をするつもりであったが、行き先を変更して西へ向かうことにした。旅の準備に岐阜県、広島県、山口県の民宿に電話をして、釣りをしたいからと川の状況を尋ねると、今年はあまりよくない、と、いずれの宿からも言われた。その前年に複数の大型台風が日本列島を通過して、川が荒れてしまったためにその修復のためにあちらこちらで護岸工事が行われていたのである。

東京から熊本まで毎日四時間ほど車を走らせて、途中釣りをするのに、まず豊川上流の寒狭川、次いで長良川上流の吉田川を選んだ。寒狭川では天子が何匹か釣れたけれども、吉田川は護岸工事で水が濁り釣りにならなかった。寒狭川でも、吉田川でも、そして匹見川でも他の釣り人に出会うこともなく、川にいるのは私ひとりだけであった。無論釣れれば喜ばしいが、釣れなくても釣りである。釣りのできることが嬉しい。いまに釣れるはずだと思いながら毛鉤を投げ、水面に浮かぶ毛鉤を見つめていると時が過ぎるのを忘れて飽きることがない。

途中姫路城を見物し、そして高津川上流の匹見川で釣りをした。そうして東京から熊本まで民宿に四泊した。匹見川では美しい天子天魚を何匹か釣ることができたけれども、寒狭川では余り釣れなかったし、吉田川ではまったく釣れなかった。それでも行く先々に桜の花が咲き、山里の景色に旅情は満たされた。学校では新学期が始まり、会社では新年度の始まる時期である。どこの民宿にも私より他に客はなく民宿の主人は暇で、こちらも急ぐ旅ではないから顔を合わせると自然話をする。その土地のこと、米、味噌、醤油、酒、野菜のことなど、その気になれば話題は尽きないものだ。

広島と山口の県境の匹見川で釣りをした後、山里の民宿に一泊したときのことである。遠くからでもそれに違いないとわかる畑の中の一軒家の民宿で、私が車で近づくと、畑で野良仕事をしていた人が作業をやめて家に戻るのが見えた。それが宿の主人で、先回りをして私を待っていたのである。丁重なもてなしに恐縮しながら車から降りて、予約した者ですと名乗ると、主人は笑顔で応対してくれたものの、その表情はどこか曇りがちなのが気になった。

民宿は畑に囲まれた広い敷地の、昔ながらの農家の造りである。玄関を入ると広い土間で表座敷には神棚、奥座敷には床の間と仏壇があり、昭和天皇の御真影が掲げられている。奥座敷を宿泊部屋にしてある。その座敷で私が荷物を解いていると、奥さんがお茶を出しに来て風呂と夕食の時間を告げた。聞けばご主人と奥さんの二人暮らしで、部屋が余っているので民宿を営んでいるのだという。私よりも一回りほど年上のそのご夫婦には、大阪で暮らすひとり息子がある。いずれ帰ってくると言うのだが、帰ってきても仕事がないし、というようなことを奥さんは朗らかに話した。

私は匹見川で釣りをした後だったので早速風呂に入った。風呂からあがって座敷で寝転んでいると、そのうち奥さんが夕食の支度を始めた。私は奥さんとまた話をした。私の冗談に奥さんが声をあげて笑ったからか、ご主人も座敷にあらわれて「こんな辺鄙なところまでお越しいただいて」と座敷の隅に正座をして頭を下げたので私も居住まいを正した。「いやそのまま、お楽に、田舎料理ですが、どうぞ召し上がってください」とご主人が食事を勧めるので、私は御膳に箸をつけた。そしてご主人に問われるまま、東京から故郷の熊本まで釣りをしながら旅をしていることを話した。ご主人は座ったまま立ち上がろうとしないので、私はこの地方に見られる赤い屋根瓦のことを尋ねた。当の民宿も三州瓦の赤い屋根である。

ご主人が自分から話題を提供することなく、それでもなかなか腰をあげようとしないことを妙に感じながらも、私は世間話を続けるつもりで、

「息子さんがおられるそうで」

と言った。するとご主人の顔が見るからに明るくなった。

「お客さんの車を見て、息子が帰ってきたか、と思いました。息子と同じ車だったものですから、急に帰ってきて、どうかしたのかと思いました」

「そうですか。息子さんと同じ車でしたか」

「珍しい車だから、てっきり息子が帰ってきたものと勘違いをしまして」

ご主人が私の車を見て急いで家に戻ったのはそのためだったのである。

「息子さんはどちらにおられるのですか」

「大阪に暮らしております」

「働いておられるのですか」

「大阪で大学を出て、大阪で就職をしました」

ご主人は大学名と会社名を誇らしげに言った。一流大学一流企業の名前である。自慢の息子に違いない。

「たまには帰ってこられるのでしょう」

「年に一度か二度は帰ってきますが、忙しいようでして。体を壊さなければいいと心配しとりますが。車が好きで、お客さんと同じ車を、とても大事にしております」

あなたがそこにいてはお客さんが食べられないでしょう、と奥さんがご主人に注意をしたので、

「いえ、そんなことはありません」

と私は言って茶碗の米を頬張ったが、

「あ、すみませんでした」

とご主人は立ち上がって、

「息子が帰ってきたと思ったものですから、つい」

「なかなか帰ってこないものですから。すみません」

と奥さんが申し訳なさそうに言った。

「息子さんは、まだおひとりですか」

「いいひとが見つかればいいのですが」

と奥さんは笑ったけれども、ご主人はどこか寂しげな表情をしていた。

私は食事を済ませると早々に床に就いた。疲れていたのですぐに眠りに落ちて、夜更けに目覚めると隣室からご夫婦の話し声が聞こえた。

物音一つしない暗闇のなかで聞くともなくその会話を聞いていると、ご主人が大阪にいる息子のことを案じて奥さんに話しかけているのらしかった。私の車を見たことがきっかけで、息子さんのことがしきりに思い出されるに違いない。それは車を見たときのご主人の慌てぶりからも察せられた。都会で会社勤めをしている息子さんがどのような暮らしをしているのかご主人にはわからないだろう。わからないから心配は尽きないだろう。心配だから会いたくもなる。しかし当の息子さんは親の心配を余所に毎日呑気に暮らしているものだ。それでも親のことを忘れるわけではないから、たまには帰省して墓参りをしなければと思っているだろう。

息子さんが帰ってくる日には、ご夫婦は息子さんの車が現れるのを、朝から待っているに違いない。その光景が目に浮かぶようである。

翌朝、私は朝食を済ませるとすぐに出立した。そのまま久留米まで車を走らせ、若かった頃に観て感銘を受けた、石橋美術館の青木繁と坂本繁次郎の絵を再び観るつもりであった。

ご夫婦は私を見送るために揃って庭先に出た。

「これからどちらへ」

と、ご主人が私に尋ねた。

「とりあえず久留米まで行って、それから熊本の実家に帰ります」

「そうですか。家でご両親がお待ちでしょう」

「そうですね」

と私は言ったけれども、父は意識不明、母は認知症である。前夜、私はご夫婦に熊本に両親があることを言っただけで、それ以上のことは話さなかった。

私はご夫婦に別れを告げて車に乗り、運転席の窓を開けて「お元気で」と言ってから発車した。二人はいつまでも私を見送っていた。

関門海峡を渡って九州に入り、久留米に向かって車を走らせながら、復路もこの民宿にまた泊まることを考えた。民宿のご夫婦のことが忘れ難かったからである。熊本に一週間滞在した後、復路は山陰を通って京都の茅葺の里として有名な美山町へ行くつもりであったが、その他の宿泊地はまだ決めていなかった。途中この民宿に立ち寄ることができる。しかしまた訪れるなら、ご夫婦は私に熊本の父と母のことを、お元気でしたか、と尋ねるに違いない。尋ねられれば死にかけている父のこと、記憶の薄れてゆく母のことについて話すことになるだろう。ご夫婦は自然な心の動きで私に同情を示すに違いない。さらに私に妻と二人の息子があって、その家庭を私が壊しつつあることをも話してしまうかもしれない。私は車を運転しながら命の尽きようとしている父のことを思った。生きながらその記憶が次第に薄れゆく母のことを思った。そして私が裏切りを繰り返し突き放してしまった妻のこと、父親としての役割を放棄してしまった二人の息子のことを思った。

私が民宿を再訪したいと思ったのは、ご夫婦が田舎の素朴な人らしく心を開いてもてなしてくれたからである。その心の有り様に惹かれながらも私は自分の心を開くのが容易ではない。長い都会暮らしでそうなってしまったのか、あるいはそれが私の性分なのかはわからないが、あのご夫婦と私とでは心の有り様が違い過ぎるではないか、と思うに至って私は民宿を再訪するのを断念した。

熊本には一週間滞在した。滞在中毎日病院に父を見舞い、母と一日三度飯を食った。父の容態にはさして変化はなかった。何を話しかけても反応はなく、見開いた目をぎょろぎょろさせるばかりである。痩せてしまったせいか目玉が大きく見えた。

私は熊本に滞在中、球磨川水系の川辺川で釣りをするつもりであった。その数年前に、川辺川で釣りをして、一尾も釣れなかったからもう一度行ってみたかった。しかし病床の父のこと、そして認知症の母を見ていると、その気になれず結局釣りには行かなかった。兄に言われるまで気づかなかったのだが、私が家にいると母は私の世話をしようと思うらしく、疎かになっていた炊事や洗濯、掃除をするようになるのらしかった。普段は兄と兄嫁が母の世話をして、母は料理をすることもなくなっていた。それでもおまえのために料理をし、洗濯、掃除もしようとする、と兄は驚いて、おまえはいくつになっても可愛い末っ子なのだな、と言った。

確かに母は私のために家事をするのであったが、その仕事ぶりはいずれも中途半端で、認知症が進行していることを明らかに示すのでもあった。

母と話をしていると、昔のことなら細かいことまで思い出すのだが、ついさっきのできごとを忘れている。孫の名前が思い出せないこともある。それでも母は私のため台所に立ち、米を炊き、味噌汁を作り、玉子を焼くのであった。そうして食事の支度ができると、お父さんを呼んできて、と言うことがあった。父が入院していることを忘れるのである。

兄はそういう母に父の変わり果てた姿を見せることを逡巡していたのだが、私の滞在中に母と父の対面を実行した。

母は病院のベッドで痩せ細って小さくなった父を見ても驚くようすはなく、父の耳元で「お父さん、お父さん、わかるかいた」と話しかけた。

父は何の反応も示さず、目を見開いて宙を見ているばかりである。

返事はしないから、と私が言うと、

「そうね、返事はなか。ばってん、わかっとらすて」

母には父が理解しているとの確信があるらしかった。

父がときどき顔を歪める。すると母は父の腕をさすりながら父に語りかけた。

「苦しかかいた、苦しかごたるなあ。元気にならんといかんな。元気になって家に戻らなんたい。はよう良うなって、退院して、家に戻らなんたい」

兄と私は父に話しかける母を黙って見ていた。

「はよう元気になって、家に戻らなんたい」

と母は何度も言った。はよう、家に戻らなんたい、と、まるで子守唄のように繰り返した。母が病院にいる父を見舞ったのはこのときだけである。それから半年後に父は病院で静かに息を引き取った。

過去と現在が混然一体となった世界にいる母が、父の容態をどのように受け止めていたのかはわからない。しかし父の死を母は驚くほど冷静に受け止めていた。通夜から葬儀まで、喪主としての役割を、兄と姉に両脇を支えられながらも、参列者に丁寧に頭を下げて立派に務めた。終始寡黙でときどき居眠りをすることはあっても、何か話しかけられると、むしろ普段よりもしっかりとした受け答えをした。

父の死後母の認知症は徐々に進行して、実家の隣に住んでいた兄夫婦がその面倒を見た。認知症を患った母は家事をすることがなく、テレビを見ることもなかったけれども、家庭菜園は熱心に続けた。もともと母はあまり社交的ではなかったから人づき合いらしいものはなく、いつでもなんでも、自分のことよりも夫と子供たちのことを優先していた。庭の草木をいじるのが唯一の趣味、と呼べばそうなるかもしれないものだった。

晩年の母は、朝起きると空模様を眺めてその日の天気を占い、三度の食事は米と味噌汁、それに干物、梅干、漬物などで簡単に済ませ、庭先で植栽の手入れをしたり、野菜を育てたりして一日の大半を過ごし、ようすを見に訪れる兄夫婦、介護士、ご近所を相手に自分の暮らしぶりを語った。認知症が進むと、猜疑心が強くなったり、食べ物や金に執着したりすることなどもあるらしいが、母は記憶が薄れるにつれてinnocentになるばかりだ、と兄は私に言った。そうして穏やかな日々を過ごしてはいたけれども、問題は庭から外に出ると迷子になってしまうことだった。家の周囲は住宅ばかりなのだが、母の記憶のなかでは田園風景が広がっているらしかった。家の敷地から外に出てしまうと、どこにいるのかわからなくなってしまうのである。道に迷ってうろついているところを近隣の人に連れられて帰ってくる、ということが何度もあった。警察に保護されたこともある。

父が亡くなってから四年ほど過ぎると日常生活にも支障をきたすようになって、兄は母を介護施設に入れることにした。それからさらに半年後、大腸癌に罹っていることが判明したので、兄は母を介護施設から病院へと移した。

患部を摘出すればいくらか命は長らえるが歩けなくなるらしいから、手術はしないでおこうと思う、と兄から私の了解を求める電話をもらったその一ヵ月後に母は病院で意識不明の危篤状態に陥った。知らせを受けた私が熊本に帰って病院を見舞うと母は静かな寝息をたてて眠っていた。何度呼びかけても目覚めることはなかった。

私は三日三晩病室でつき添い、母の臨終を看取った。

母が亡くなったのは父の死から五年後のことで、私はその頃妻と別居して他の女性と暮らしていた。妻とは離婚するつもりで家を出たのだが離婚は話し合いにならずに没交渉のまま三年が過ぎていた。

母が危篤であることを別居中の家族に知らせないわけにもいかず、私は妻と二人の息子に危篤の母の病室で久しぶりに顔を合わせた。そして母の臨終から葬儀、出棺まで、言葉を交わすことなく私は私の家族と過ごした。兄も姉も親戚も、私と妻が別居していることを知っていたからそのことには誰も触れなかったけれども妻にはよそよそしく、妻の涙はむしろそのためであるように私には思われた。大学三年生の長男も高校三年生の二男も、私と妻の離婚問題については何も言わなかった。二人とも私と積極的に話をする意志がないことをその態度にあらわしていた。

いつであったか、生前の母が、帰省した私に妻と息子たちのことを訊ねるので、私は家族と別居して妻とは別の女性と暮らしていることを、母の反応を予測しかねて躊躇しながらも、事実を告白した。母はしばらくの間黙って何か考えているようだったが、やがて満面に笑みを浮かべると、

「ならばその人をうちに連れてこなんたい」

と言った。

私は胸をつかれた。そういうことなら一緒に暮らしているその女性を家に連れて来て紹介しなさい、と言うのである。確かに母にとって私はいくつになっても可愛い末っ子なのに違いなかった。それは、認知症が進行してはいたけれども母がまだ家の庭の草木の手入れを日課としていた頃のことで、その後私は何度か熊本に母を見舞ったけれどもそのことを話題にしたことはそれきりない。私は触れたくなかったし、母も覚えてはいないだろうと思っていた。

介護施設に入ってからの母は嫁の名前も孫たちの名前も思い出せなくなっていたのだが、それでも私が妻と別居して他の女性と暮らしていることを案じていた、と兄から聞かされたのは、母が亡くなってから後に、何年も過ぎて、私がその女性と再婚してからのことである。

第三章　釣りは人生とは別の時間

わたしたちはほとんどが向上しようと努めながら、生活している。昇進を求め、国内はもちろん海外へも移り住み、自己の責任を広げる。しかもわたしたちは実体のないもの、つまり名声を求める。しかしソーヤーの生涯はまったく違っていた。二十一歳の時、ドライフライフィッシング協会の川の管理人に任命されるや、かれのこの世の望みはすべて叶えられたのだ。かれの生涯の仕事は川を管理し、その川の流域で生活し、そこに住むすべての野生生物の世話をすることだっただろう。

フランク・ソーヤー著『イギリスの鱒釣り』シドニー・ヴァインズの序文

一九五二年刊行　倉本護訳

一　病

死に損なったといえば大袈裟に聞こえるだろうか。だが私は病院のベッドで医師の顔を見上げながら、どうやら自分は死に損なったらしい、と思ったのである。脳梗塞であることを告げた医師は、私の反応をうかがっているようなのだが、私は私で、医師の言葉を待っている。どれくらい危なかったのか、どれくらいひどいのか、これからどうなるのか皆目見当がつかない。

医師が私の目を覗きこむようにして尋ねた。

「どこかに痛みはありますか」

痛みらしいものは感じない。ただ、視界に靄がかかったようにぼんやりとしていて、体がだるい。

「いえ」

医師は私の両脚を交互にさすりながら聞いた。

「どうですか、左右違いはありますか」

左足に感じる医師の手が、右足では感じられない。右足には手の温もりが伝わらず、分厚い靴下の上からさすられているようなのだ。右足の爪先から太腿あたりまでの知覚が麻痺しているらしい。私はそのことを医師に伝えた。

「ふむ。そうですか」

医師は私の両足を元に戻して、

「今日は何曜日ですか、何月何日ですか、ここはどこですか」

と立て続けに質問をした。間違ったことを言ってしまうのではないかと不安を感じながら私はそれらの問いに答えた。

「それでは私の言うことを繰り返してください」

早口言葉のような単語の羅列を私はゆっくりと繰り返した。

「言えますね。では、右手の指でここを差して」

医師は人差し指を一本立てると、それを私の目の前で前後左右に動かし、ふいにとめた。私は右手の人差し指で、その医師の指の動きを追いかけて、宙でとまるとその指先に触れた。

「今度は左手で」

それが終わると医師はひとりごとのように何か呟き、そしていなくなった。自分の脳が、どれほど正常に機能しているものかわからない。まっすぐ立てるのか。歩けるのだろうか。

心配そうに私を見ていた妻——当時はまだ入籍していなかったから内縁関係であった——が微笑んだ。何か言葉をかけなければと思うのだが、適当な言葉が見つからない。

目を瞑ると昨夜からの一連のできごとが思い出された。午後十一時頃に取引先との会食を終えて帰宅した私は、自分の体に何か違和感のようなものを感じていた。その違和感の正体がわからずに、なんだか今日は疲れたなと妻に言いながらベッドへ横になってすぐに眠りについたのだが、ほどなく目が覚めた。時計を見ると午前一時過ぎであった。目覚めたことを妙に思うと間もなく何か異常を感じたのだが、それが何かはわからない。そしてベッドから立ち上がろうとすると、立ち上がれずに尻餅をついた。

いつもながら夜ふかしをしていた妻が異変に気づいて大声を出した。

「どうしたの?」

「歩けない」

私は壁に手をついて立ち上がったが、うまく立てずにまた崩れ落ちた。

「気分が悪い」

酷い乗物酔いのような吐き気がしたので、這ったままトイレに行きしゃがみこんで便器に顔を向けた。妻は驚いて何事かと問いかけるのだが答える余裕がない。喉の奥に何か異物が詰まっているような感覚がしてげえげえと呻くのだが何も出てこない。まるで毒物に拒絶反応を起こしているかのような酷い吐き気だ。便器を抱えこんでしばらく呻いていると、やがて内臓を捩るような痛みがあって、それから激しく吐瀉した。そしてひとたび吐くと、堰を切ったようにぐえぐえと胃の中の物を吐き出した。

私が便器を抱えて呻いている間に、妻はいくつかの病院に電話をかけていた。私は二十代の頃から、腎臓結石で激痛に見舞われることがある。彼女と暮らし始めてから六年間に激痛で夜間診療を二度受けている。その経験から最寄りの総合病院に電話をかけているのだ。眩暈がして吐いた、と妻は夜間診療の受付係に伝えて予約をすると

「○○病院で診てもらうから」

と言って出かける支度をした。以前、結石の激痛のために一緒に行ったことのある病院である。私はパジャマのまま妻の運転する車に乗り、ビニール袋を口にあて嘔吐を繰り返したが、胃の中にはもう吐き出すものがなく、唸り声をあげるばかりだ。

病院には十分ほど到着し、私は妻の押す車椅子に乗って院内を移動した。診察室に入ると医師は私の様子を見て、

「かなり辛そうですね」

と言い、手に持った何か金属製の棒のようなものを、私の左右の脚に交互に押しつけた。

「左右の感覚に違いはありますか」

「右脚は、感じません」

そのとき初めて気づいたのだが左脚で冷たく感じるその金属が、右脚にはただ触れているという感触しか得られないのだ。しかも右脚には鈍い痺れがある。そう医師に伝えた。

「まずいな、急がなくては」

医師は周囲の看護師に何か指示をした。私は車椅子に乗ってまた別の場所に移動した。そして苦しみに喘ぎながらMRI（Magnetic Resonance Image）――日本語では「磁気共鳴画像」というのらしいが――機械に身を横たえ、規則的な電子音を聞いているうちに次第に意識が薄れ、それから後のことは覚えていない。

どれくらい眠っていたのか、目を覚ますと腕に二本の点滴の管が刺さっていた。それにつながる二個の透明の袋を見上げると、妻が心配そうな顔をしてこちらを見ていた。そして、

「目が覚めたのね」

と、笑顔を見せた。

「いま、何時だろう」

「お昼を過ぎたところ」

二個の袋の中には、透明な液体が入っている。

点滴はそれから七日間、二十四時間続けられた。一週間は症状の悪化するいわゆる急性期なのだという。退院後に誰彼問わずそう言われたのだが、脳梗塞で倒れた場所が自宅だったのは確かに運が良かった。それが出先や、どこか地方のホテルであったら手遅れになっていたかもしれない。

そうして横たわっていると、集中治療室に横たわる父の姿がしきりに思い出された。父は脳梗塞で意識不明になってその半年後に息を引き取ったのだが、兄は担当の医師からMRIに軽い脳梗塞の痕跡もあると告げられて、「そういえば七、八年前に気分が悪いからと寝こんでいたことがある、あれは脳梗塞の症状だったのだろう」と言っていた。父と一歳違いの叔父も脳梗塞で半身不随、言葉が話せなくなって病院で亡くなった。私よりも一回りほど年上の母方の従兄弟は脳梗塞で左手足が不自由になっている。血縁者にこれだけの発症者がある。脳梗塞には遺伝的要因があるのだろうか、それから私は、高校生だった頃に親しかったSのことを思い出した。Sとは高校卒業以来会ったことがなく、その春に同窓会で三十数年ぶりに再会することになっていて、私は再会を楽しみにしていた。ところがその同窓会の数日前にSは脳卒中で死んでしまったのだ。出張先のホテルの部屋で夜半に倒れたらしく、朝になってホテルの従業員に発見されたときには絶命していた。呆気ないものだと私は同級生たちと話しあった。私の記憶にあるSは、三十数年前の高校の制服姿のままである。

また一緒に仕事をしていたB君のことも思い出された。B君は勤務先で夜中に打ち合わせをしていたところ、途中何気なく席を立って会議室に戻らなかった。打ち合わせに同席していた社員たちが不審に思い、手分けをして社内を探し回ったが見つからず、翌朝トイレで死んでいるのを発見された。死因はクモ膜下出血だった。かつてB君は私の、忠実で有能な部下であった。夜中まで一緒に仕事をしていると、その場を和ませるような冗談を言うことがあって、私はそういうB君が好きだった。それぞれに転職をしてからもたまに会い、酒を飲んだ。B君は野心家で将来有望であったのに、まだ四十代半ば逝ってしまった。それから私は、もう何年も思い出すことのなかったNさんのことを思い出した。Nさんが脳卒中で突然亡くなったのはもう二十年ほど前のことである。私はまだ三十代の半ばで、Nさんとは毎日のように仕事で一緒に過ごし、いろいろと教えられ、親身になって話を聞いてもらった。Nさんは自宅で倒れたけれども、搬送先の病院で死んでしまった。Nさんはちょうどいまの私と同じくらいの年齢ではなかったか。Nさんの葬儀に参列した私は、人生が突然終わってしまう、その事実に唖然とするばかりだった。

脳卒中は脳の血管が詰まる、あるいは破れて、脳の機能に支障をきたす病気の総称で、脳梗塞は前者、クモ膜下出血は後者である。

「脳梗塞の治療は一刻を争います」

今度何かあったらすぐに救急車を呼ぶように、と、入院中医者にも看護師からも何度も言われた。

脳卒中ケアユニットの、私の入った六人部屋には、私の他に三人、言葉の出ない人、歩けない人、意識不明の人がいた。私は点滴につながれて寝たきりではあったが、尿瓶を使う気になれずにふらつきながらもトイレに自分で行き、三度の食事を残さず食べて、漠然と襲ってくる不安から逃れるため眠りを貪った。

入院して三日目の夜、病室に新たな患者がひとりに加わった。

深夜物音で私が目覚めると、カーテンを隔てた隣のベッドに看護士たちが数名で、患者をベッドに寝かしつけているようだった。患者は、年齢はわからないが男性で、苦しそうに呻き声をあげている。意識があるのかどうかはわからない。患者を運びこんだ看護士たちが、何か囁き合いながらしばらく病室を出入りしているようすだったが、やがていなくなった。しかし患者は、それからずっと呻き続けた。カーテンを一枚隔てただけの苦しむ声を聞きながら、どうにか眠らせてやることはできないのだろうか、と私は気の毒に思った。私も眠れなかった。その呻き声は真夜中の寝静まった病院の廊下を伝わってナースステーションにも聞こえているだろうに、ナースコールの釦を押そうか、などと思っていると、看護士たちが何人か部屋に入って来た。彼女たちは小声で何か話し合っていた。それを聞き取ろうと私は耳をそばだてたが、何もわからなかった。やがて呻き声をあげる患者はどこかへ連れていかれた。そして病室は、何事もなかったかのように静かになった。

明け方見回りに来た看護士に、「昨夜は隣の患者の呻き声で眠れなかったのだが、どこかに連れていかれてしまったね」と私が遠慮がちに言うと、看護士は私を見て、

「そうでしたか、私は知りませんが」

と顔を強張らせて言った。

まだ二十代の前半と思われる彼女は、不機嫌そうであった。何かまずいことを言ったのだろうかと私は思った。看護士は私にかまうことなく、見回りの仕事を済ませるといなくなった。あの患者はどうなったのか。亡くなってしまったのだろうか、と私は気になったが、その後のことはわからない。

入院後三日目まで高熱が続いた。立ち上がると平衡が保てずに左側に傾いてしまう。右足は温度が感じられず、正座をしたようなしびれがある。四日目に熱が下がり、医師からＭＲＩの画像をもとに病状についての説明を受けた。左小脳にゴルフボールほどの影がある。左小脳の穿通枝——せ

んつうし、と読む——脳の深部を走る極めて細い血管が詰まり、血液が循環しなくなった部位が浮腫しているのだ。小梗塞、あるいはラクナ梗塞とも呼ばれ、通常は一五ミリ以下の大きさの、日本人の脳梗塞に最も多い症例で、自覚症状のない場合もある。ラクナ（Lacunar）は、小さな窪み、というほどの意味である。脳幹にも一部小さな浮腫がある。

「こちらはまあ、なんですが、ここがどうでしょうねえ」

医師は左小脳の浮腫が問題だと言った。

脳梗塞は病型として、ラクナ梗塞、アテローム血栓性脳梗塞、心原性脳梗塞に分類される。アテローム血栓性脳梗塞は脳内の太い動脈が血栓で詰まるもので、アテローム（Atheroma　粥種と訳される）は、動脈の内壁に悪玉コレステロールが混ざりこみ、粥状のかたまりになって血管が詰まる症状で中梗塞とも呼ばれる。この症例は欧米人に多いが近年日本人も増加傾向にあるという。心原性脳梗塞は、心臓にできた血栓が脳内の動脈を詰まらせるもので、大梗塞とも呼ばれる。

医師がＭＲＩの画像に映る脳の影を浮腫と呼ぶので、

「先生、その影の部分は脳細胞が壊死してしまった、ということでしょうか」

と訊くと、医師は顔をやや強張らせて、

「言葉を選ばなければ、まあ、そういうことになりますね」

「つまり小脳の、その部分は回復しない」

医師は頷いた。なんということだろう。私の脳の一部、ゴルフボールほどの大きさが壊れてしまったのだ。衝撃的な事実だった。

「その壊死してしまった脳の部分は、そもそもどういう働きをするところなのでしょうか」

「そうですねえ、遠近感、距離感などを判断すると言われていますが」

なんだか視界がぼやけてくるような気がした。

「どうですか、なんともありませんか」

と医師は訊くのだが、私には答えようがなく医師の顔をぼんやりと見ているばかりであった。

都心のその病院の脳卒中ケアユニットで私は二週間を過ごした。五日目から点滴をつないだまま、病院内の施設で軽いリハビリを受けた。最初は左足で立つことができず、ゆっくりと歩く練習をした。右足には痺れがあり、臀部から下の感覚が鈍く、温度を感じない。シャワーを浴びるときに熱いお湯に気をつけるようにと看護士に言われたのだが、実際右足にお湯をかけても温度が感じられない。右足は感覚が鈍く、左足は安定感がない。漠然とした不安を抱えながらも、リハビリで病院の敷地をゆっくりと歩きながら、大丈夫、大丈夫だ、と自分に言い聞かせるのであった。そしてベッドに戻ると眠りを貪った。

病院には二週間いた。退院する前に、今度具合が悪くなったらすぐに救急車を呼ぶようにと、医師からも脳卒中ユニットの看護師たちからも念押しされた。

退院してからの一週間は自宅で静養した。右足に痺れはあるものの、杖をつかずに歩けるようになり、仕事を再開した。職場に戻ると、退院と仕事への復帰について祝福を受け歓迎され、私は平静を装ったが、心の安定を失っていた。

健康には人並み以上に気をつけているつもりであった。三十歳のときに煙草を止め、深酒もしなくなった。それに毎朝走って体力づくりもしていた。

五十歳を過ぎた頃に、友人からの薦めがあって走り始めた。最初はすぐに息があがり、脚が痛くなって、いくらも走れなかったが、週に二、三度、一年余り走り続けているうちに、長距離を走れるようになった。平日の早朝に目黒川沿いの遊歩道を五、六キロメートル、週末には、それが休日の楽しみにもなったのだが、都心をぐるりと回って十キロメートルほど走った。私は早朝の人気のない都心の風景が好きだった。まず自宅のある恵比寿から代官山に向かう。山手通りを富ヶ谷の交差点で曲がり、代々木公園を抜けて表参道を通る。人気のショップや高級ブティックが立ち並び、昼間は人混みで賑わっているけれども、早朝の表参道には人気がない。明治通りとの交差点から青山通りまで、表参道はなだらかな坂道になっているので、ここは踏ん張って走る。青山通りを赤坂方面に向かい、途中の脇道を入って青山墓地の真ん中を全力で走り抜ける。西麻布の交差点を渡り、六本木通りから日赤通り、そして明治通りを横切って、終点の恵比寿ガーデンプレイスまで戻ってくるとちょうど十キロメートルである。恵比寿ガーデンプレイスの脇の小さな公園でクールダウンして、アメリカ橋を渡って歩いて帰る。

脳梗塞で入院する三日前も目黒川沿いを走った。後になって思い出したのだが、そのときすでに異常があった。途中、槍ケ崎の交差点で立ち止まり、そして信号が変わって横断歩道を渡ろうとしたときだった。駆け出してすぐに脚がもつれて、横断歩道の枠からはみ出した。前のめりの姿勢で横断歩道を渡りきり、立ちどまると、その場にしゃがみこんでしまった。体の重心がずれてしまったような妙な感じがした。しゃがみこんでいると、なんともなくなって、すぐにまた走り出したからあまり気にしなかった。

脳梗塞を発症した日も、思い出してみると、頭の中で何かが動いたような感覚が昼間二度か、三度あった。眩暈とは違う。浮遊感覚のような、体がふわりとする、妙な感覚だった。それに妙に肩が凝っていた。普段から肩凝りはあるのだが、その日はひどくて、首のつけ根が痛かった。夜、取引先と会食があり、その前に一時間ほどマッサージを受けた。それでいくぶんか楽になって会食に向かったのだが、いまから思うと会食の中華料理の味がいつもよりも薄い気がした。それも脳梗塞の影響だったのかもしれない。

仕事を再開してはみたものの、気分が沈みがちで、ふいに眩暈を感じる。本当は眩暈ではないのだが、眩暈のような気がするのだ。そしてその度に不安になる。今度は助からないかもしれないと、心のどこかで思ってしまう。右脚の痺れが気になる。人に気づかれないように歩かなければならない。屈託なく笑ってみせても、不安を隠しきれない。不安を感じると、それが恐怖に変わることもある。退院祝いにと誘われて会食に出かけたが、楽しむどころか苦痛に感じるばかりである。出張予定があるのに気が進まない。しかしそれでは仕事にならない。

そうして二週間が過ぎた。その夜、私の沈んだ気分を盛り上げようと、努めて明るく振舞いながら食事の支度をする妻に私は言った。

「会社を辞めることにしたよ。無理だ」

妻は一瞬戸惑いの表情を見せたが、気を取り直したように、

「とりあえず、ごはん食べよう」

と言った。

彼女と暮らし始めてからもう七年になるが、前妻との離婚が成立せずにまだ入籍できずにいる。

あの女もそしてこの女も、一生を約束しながら幸せにしてやれないではないか、と私は思った。息子たちにも父親らしいことをしてやらなかった。彼らはいまどこで何を考えているだろうか。これからの長い人生を無事に生き抜いてくれればいいが。

私は妻の手料理を食べた。妻は自分の作った料理の味つけ、ちょっとした工夫について話をした。妻の話を聞きながら料理を食べているうちに何かが喉に詰まって、ゆっくりと嚥下したのだが、そうではなかった。嗚咽がこみあげてくるのだ。

妻は驚いて私を見た。

「どうしたの」

私は泣いた。泣きながらその理由を考えた。なぜ涙が流れるのか。病気に負けたことが悔しいのか。捨ててしまった家族に対する罪悪感か。なぜ泣いてしまうのか。思い通りにならない人生だからか。

「ねえ、どうしたの」

「すまない」

泣きながら妻に詫びた。

「謝ることなんかないよ。ねえ、泣かないで」

妻はそう言ったけれども私は泣いた。涙がとまらず、声をあげて泣いた。

二　チャールズ・ラムの手紙

私は仕事を辞めて、家で一日中過ごすようになった。一日の大半を読書で過ごし、読書に倦むと散歩をした。以前は週に何度か走っていた目黒川沿いの歩道を、ゆっくりと時間をかけて歩いた。足取りがまだ覚束ない。血圧は上が百三十前後、下は八十ちょっとで安定しているのだが脈拍数が多く、一分間に百を超えるときがある。血液の循環を促す飲み薬の影響らしい。病院でのリハビリのときに、激しい運動は控えるようにと言われている。

結局、脳梗塞の原因はわからない。もともと血圧の薬を服用していたから高血圧ではなく、動脈硬化もない。血液検査の結果はすべて正常値である。生命保険の申請のための診断書には、脳梗塞発症の原因は「不明」と書かれていた。

読書はもっぱら昔読んだ本の再読である。私は本を読むけれども収集はしないし、中年になってから家族を捨てて家を出たこともあって、蔵書らしいものがないので近所の図書館で昔読んだ本を借りてくる。それでも若かった頃に読み、いずれ再読しようと思いながら長年読むことはなく、しかし処分する気にもなれずに持っている本が何冊かある。

チャールズ・ラムの『エリア随筆』はその中の一冊で、まだ二十代の頃に読み、いずれまた読むことがあるだろうと思いながら再読することなく三十年も過ぎている。

私がラムに興味を持ったのは、庄野潤三の『陽気なクラウン・オフィス・ロウ』を読み感銘を受けたからである。私は十代の頃から庄野潤三の小説を読んでいる。庄野潤三は私にとって同時代に生きて新作の待たれる数少ない作家のひとりで、『陽気なクラウン・オフィス・ロウ』が出版された一九八四年（昭和五十九年）、二十四歳の私は当時ひとり暮らしをしていた世田谷の私鉄沿線の駅近くの小さな書店で、その新刊本を見つけてすぐに買って読んだ。

庄野潤三は一九二一年（大正十年）生まれで、一九五五年に『プールサイド小景』で芥川賞を受賞し、二〇〇九年に八十八歳で歿するまで、淡々とした筆致で日常生活の細部を綴り続けた。私は初期の作品、とくに『プールサイド小景』と『静物』が好きで、庄野潤三の熱心な読者になり、新作が出版されるたびに買い求めた。晩年の孫を可愛がる老夫婦の生活描写にはいささか倦むところがあるけれども、それでも大概の作品を読んでいる。

『陽気なクラウン・オフィス・ロウ』は庄野潤三が、チャールズ・ラムに縁のある場所を尋ねて歩くロンドン旅行記で、これを読んで私はラムに興味を持ち、庄野順三と交遊のあった福原麟太郎の『チャールズ・ラム伝』を読み、そしてラムを読んだ。福原麟太郎は一八九四年（明治二十七年）生まれの英文学者で、『チャールズ・ラム伝』は一九六三年発刊の古い本だが、一九八二年に別の出版社から復刊されている。当時私が手にしたのはその復刊版だったのだと思う。『チャールズ・ラム伝』は面白く、ラムを読むための副読本としても役に立った。他の多くの本とともに『陽気なクラウン・オフィス・ロウ』も『チャールズ・ラム伝』も処分してしまったが、岩波文庫の『エリア随筆』は手放さずに持っていたのである。

クラウン・オフィス・ロウはロンドンの法曹院の中の建物のことで、一七七五年にチャールズ・ラムが生まれた場所である。ラムの父親はここで法曹院幹部の秘書のようなことをして働いていたのだが、家は貧しかった。ラムは七歳のときからクライスト・ホスピタル学寮で学んでいたが、経済的な事情から進学を諦め十四歳で会計事務所の見習いになった。十七歳のときに東印度会社の会計係りの職を得て、以後五十歳で定年退職するまで月給取りとして日々の暮らしを営む傍ら、詩作をし、随筆を書き、五十九歳で歿した。ラムは詩人としては大成しなかったが、その随筆は高い評価を得た。

『エリア随筆』は、一八二〇年から二十三年にかけて『ロンドン・マガジン』に寄稿した随筆を集めた、言ってみれば身辺雑記なのだけれども、英国の随筆文学の頂点とも言われ、日本でも明治以降の英文学者たちが愛読し、何人も翻訳もしている。

ラムの学んだクライスト・ホスピタルは、十六世紀半ばに建てられた父や母のない子供のための慈善教育施設であった。現在は英国の有名公立高校で、その伝統的な制服——この生徒たちは皆紺の上衣に赤い帯革をしめ、黄色の靴下を穿いている——人気があるらしい。

クライスト・ホスピタルの創設者はエドワード六世ということになっている。エドワード六世はヘンリー八世の世継ぎとして九歳のときに戴冠したけれども、先天性の梅毒を患い病弱で、僅か十五歳でその短い人生を閉じた。テューダー朝の歴代の王のなかでは影の薄い存在だが、米国の作家マーク・トウェンが『王子と乞食』の主人公にしたから、世界中の読書好きの子供たちに知られるようになった。

ラムはこのクライスト・ホスピタルで、生涯の友サミュエル・テイラー・コールリッジに出会う。コールリッジは十九世紀初頭の英国を代表する詩人で、批評家であり、哲学者でもあり、やはり英国の代表的詩人であるウイリアム・ワーズワースと共同で、一七九八年に刊行した『抒情民謡集』で詩人としての名声を得た。その巻頭に収められた「老水夫行」、それに「クーブラカーン」、「クリスタベル姫」が三大幻想詩として名高い。

ラムは生涯を通じてコールリッジに手紙を書き送る。ラムの初期の詩作のいくつかはコールリッジの発刊した本に収められもして、ラムの文学的活動はコールリッジによって支えられていたのだが、そうして手紙を書くことがラムにとっての文学的活動だったようでもある。実際ラムのそれらの手紙は文学的価値が認められ『チャールズ・ラムの書簡選集』(The Best Letters of Charles Lamb)として出版されている。

例えば一七九六年六月十日付のコールリッジ宛の手紙の一部分。

僕はいま一冊の本を読んでいて、それが子供の頃の喜びそのものだったものだから、やや気持ちが入り過ぎているところはあるけれども、君にもぜひ読んでもらいたい。それはアイザック・ウォルトンの『釣魚大全』だ。科学的な記述などは読みとばせばいい。素朴な対話形式で、田園の美に溢れているから、君も気にいることだろう。好ましい古い詩がたくさん織りこまれている。この手紙は、一週間もあれば読めるだろうが、返信は一箇月ばかり先でかまわない。七月初め頃には君からの手紙に十分に満足しているさ。ただ、君にもしゆとりがあってそれより早くなるなら、すぐに知らせてもらえると、すごくうれしい。(『チャールズ・ラムの書簡選集』筆者訳)

ラムは釣りをしなかったが『釣魚大全』の愛読者だった。この手紙の二十数年後に書かれた『エリア随筆』でも『釣魚大全』に言及している。

ラムは詩人として活躍することはなかったが、だからこそ、満たされることのない文学的野心を燻らせつつ平凡な勤め人として日常生活を営みながら、齢を重ねてもその文学的野心は枯れることなく、やがて『エリア随筆』を書くのである。その人生で『エリア随筆』が文学の果実として結実するまでの一時期、ラムは家庭問題のために文学から遠ざかっていたことがある。「『釣魚大全』を熱心に読んでいる」とコールリッジに宛てて手紙を書いたその三ヵ月後、ラムの日常生活は実の姉によって破壊される。発狂した姉のメアリーが、母を刺殺してしまうのだ。

一七九六年十月二十二日、夕食の支度中にメアリーがラム家に奉公していた少女に腹を立てて乱暴をしたので、母エリザベスがそれを大声で叱りつけた。心の病を患っていたメアリーは母の大声に錯乱状態になり、手に包丁を持つとそれを母の心臓に突き刺して死なせてしまった。その五日後、ラムはコールリッジにこの事件のことを手紙で知らせている。

最も親愛なる友よ、ホワイトか友人の誰か、あるいは新聞か何かで我が家に起こった恐ろしい災いについてもう知らせがいっていることだろう。あらましだけ君に伝えることにする。僕の憐れでいとしい、いとおしい姉が狂気に駆られてわが母を死に至らしめてしまったのだ。僕には彼女の握りしめていた包丁を奪い取ることしかできなかった。神様のご加護で僕はまだ正常をたもっている、食べるし、飲むし、眠りもする、そしてきわめてまっとうな、と信じたいのだが、判断力もある。僕の憐れな父が掠り傷を負ってしまったので、僕は父とそれに叔母の面倒も見ている。ブルーコート校のノリス氏は我々にとても親切で、我々には他に友人もないのだけれど、神様に感謝して、僕はとても穏やかでしっかりしているから、いまやるべきこととして最善のことができるよ。書くこと、——できる限り宗教的な手紙——だけれども何が起きてどうしたかではなく、僕には「最初のものは過ぎ去ったからである（ヨハネの黙示録二十一章四節）」で、それよりも、感じることよりも、何かやるべきことがあると思う。全能なる神よ、我々を守り給え。（『チャールズ・ラムの書簡選集』筆者訳）

姉の母親刺殺事件でラムは、心を寄せる女性がいたけれども結婚を断念し、姉とともに生きることを決意する。実はラムにも精神疾患があって、姉が母を刺し殺す一年前に入院していたことがある。心の病を抱えた姉と弟は寄り添うようにして暮らしながら、やがて二人共同で、文章を書く行為には己の狂気を癒す効果があるものなのか、名作『シェイクスピア物語』を執筆する。『シェイクスピア物語』はシェイクスピアの戯曲二十作品を子供向けの物語に書き直した読み物で、ラムは「リア王」「マクベス」「ロミオーとジューリエット」「ハムレット」などの悲劇を担当し、メアリーは「夏の夜の夢」「お気に召すまま」「ベニスの商人」「リア王」「じゃじゃ馬ならし」などの喜劇を担当した。ラムは生涯独身で、一八三四年一二月二七日に五十九歳で亡くなるまで狂気を抱える姉と暮らした。その後メアリーはラムの遺産で十三年生きながらえた。

『エリア随筆』に収められた一篇「人間の二種類」でも、ラムは『釣魚大全』に言及している。人に貸し借りはつきものだが、借りる人間と貸す人間とはそもそも種族が違う。借りる種族はその姿勢、その態度、その威風は生まれつきの天分で、貸す種族には到底真似ることなどできない、という内容である。そして、自分は貸す種族である。貸す種族の自分の本棚は、借りる種族が本を持ち去ってしまうから、ところどころに埋められない隙間がある、と嘆く。その隙間にあった一冊が『釣魚大全』なのである。

大きな糸切歯の抜けたような、正面の一番下の棚にある厭な空所（読者よ、君は今プルベリの奥まった小さな書庫に、私と一緒にゐるのである）には――その両側に（何を護衛するのでもないが、容姿を新たにした、市会議事堂の両巨人のやうに）、スゥイス兵のやうな大きな棚子があるが、私の二つ折り本の大きなのがかつてあった。（中略）左手の本箱——天井から二段目の棚の——にある少しの隙は、——無くした万人の敏捷な眼でなければ一寸解らない位であるが、——前にはブラウンの『骨董埋葬』のゆっくりした休み場であった。Cと雖も。この論文について、私以上にしってゐるとは主張しないであらう。それをCに紹介したのは私で、全くのところ、私がその美点を発見した第一人者（近代人の中では）なのである。——けれどもそれも、愚かな変人が、女の心を得るために、自分よりももっと有力な競争者の前で、その女のことをほめるといふのと同じだとは私も心得てゐる。——直ぐその下に、ドッズレイの出版の戯曲集の第四巻目を欠いたのがある、その四巻目に白魔ウィットリア・コロンボナがあるのだ！その残りの九巻は運命の神が、ヘクタアを借りて行った後のプライアムのいらない息子達と同様、面白くないものである。此処に『憂鬱の解剖』が、真面目な姿でならんでゐる。彼処には『釣魚大全』が、その生時と同じやうに静かに、何処か流れのほとりにぶらぶらしてゐる。（『エリア随筆』戸川秋骨訳）

ラムが借りる種族に分類するのは、他ならぬ友人コールリッジである。

この友人の為に公平に考えなければならないことがある。といふのは、時としてこの友人は海のやうに書物を持ち去りもするが、また或る時には、海のやうに持って行ったものと同じ程なものを打ち上げてくれるのである。(『エリア随筆』戸川秋骨訳)

『エリア随筆』には、飲酒と喫煙の習慣についての随筆、それが如何に魅力的で掛け替えのないものであるか、それだけにまた禁酒も喫煙も困難であることを書き連ねた「酔っ払いの告白」があって、ラムはそこでも『釣魚大全』に言及している。

何かの本でたまたまタバコのことを読むと、たとえば『ジョーゼフ・アンドルーズ』のアダムズ牧師がどこかの旅籠屋の炉辺で一服すっているくだりとか、『釣魚大全』の中で例の釣り人がその名もゆかしい(釣り人の間)という部屋で朝食前の一服をやっているあたりなどを読むと、一瞬にしてそれまでの数週間にわたる禁煙の努力もふっとんでしまうのであった(「酔っ払いの告白」平井正穂訳)

と、『釣魚大全』について書いている。この「酔っ払いの告白」は匿名で一八一三年に某雑誌に、そして『ロンドン・マガジン』一八二二年八月号に再掲載されたものである。

『エリア随筆』には一八二三年発刊の二十八編、一八三三年に発刊された『続エリア随筆』の二十四編がある。岩波文庫版の『エリア随筆』は二十八編のみで、『続エリア随筆』の「酔っ払いの告白」には戸川秋骨の翻訳文がなく、平井正穂の訳文を引用した。『エリア随筆』の翻訳は、一八七〇年（明治三年）生まれの戸川秋骨、一九〇七年生まれの平井正穂、その他にも少なからぬ翻訳者が手がけているが、一九五八年生まれの南條竹則による全篇完訳本が近年発刊されている。

三　『釣り魚大全』

ラムの愛読したアイザック・ウォルトンの『釣魚大全』もまた、私にとっては長年読み返すことなく、しかし処分する気にもなれずに持っている本の一冊である。

『釣魚大全』の原題は、『完全なる釣り師、すなわち瞑想する人のレクレーション』（The Complete Angler or the Contemplative Man's Recreation）で紳士のための教養本であり、かつ実用書である。

それに先行して『完全なる紳士』なる教養本も同じ出版社から発刊されている。初版が出たのは一六五三年、以来釣り文学の古典、釣り人の聖典として今日まで読み継がれている。日本でも明治時代から翻訳本が何度となく出版されているが、釣り好きの作家開高健は自ら監修した本、エドワード・グレイ著西園寺公一訳の『フライフィッシング』で『釣魚大全』についてこう書いている。

アイザック・ウォルトンの『釣魚大全』は明治から以後、何度となく訳者も出版社も変えて出版された。最近では初版本からじかに訳した版もあらわれている。そのたびごとにベスト・セラーになるわけでもなく、ロング・セラーになるわけでもないのに、しばらく時代がたつとまた新しい人があらわれて、〝私訳〟とでも呼ぶべき心境で新訳を試み、さほど売れないことがわかりきっているのにあえてそれを出版しようという社があらわれて、この潮流はきれぎれながら流れつづけて枯渇することがないように思われる。（開高健「心の根拠地――グレイ卿の人と作品――」）

この一文は一九八四年（昭和五十九年）に書かれたもので、私の手元にある『釣魚大全』は飯田操訳で平凡社から一九九七年に発売されているから、開高健言うところの「釣魚大全の潮流」は確かに続いている。

『釣魚大全』は著者アイザック・ウォルトンの存命中、一六五三年の初版から一六七六年の第五版まで改定され、第五版には第二部としてチャールズ・コットン（Charles Cotton）の『清らかな川での鱒とグレイリングの釣り方』（Being Instruction How to Angle for a Trout or Grayling in a Clear Stream）、第三部としてロバート・ヴェナブルズ（Robert Venables）の『熟練した釣り師　あるいは改善された釣り』（The Experienced　Angler or Angling Improved）が加えられた。しかしながら第三部は、ウォルトンの死後発刊された版からはずされ、第一部と第二部を合わせた『釣魚大全』が定着して今日に至っている。尚、平凡社発刊飯田操訳の『釣魚大全』は第一部から第三部までの完訳である。

『釣魚大全』第一部には、まず釣り師と狩猟家と鷹匠の三人が登場する。釣り師が他の二人に釣りの魅力について語り、狩猟家と鷹匠の質問に答え、釣りを解説する。そして実際に釣りに出かけ、釣りの実践的な方法について説明がなされる、という構成である。

中世時代、紳士の祖先は狩猟と鷹狩と釣りをすでに趣味としていたが、狩猟と鷹狩の方が釣りよりも人気があったらしい。『釣魚大全』では、釣り師が狩猟家と鷹匠を相手に釣りが如何に崇高な趣味であるかを饒舌に語り、そしてチャブ、鱒、鮭、グレーリング、鯉、鰻などの魚の釣り方について説明する。チャブは欧州の川に生息するウグイの仲間で、その釣り方だけではなく調理の仕方についての説明もある。一般的には不味い魚と言われているが、新鮮で大きなチャブを、鱗をひき、内臓を取り出して、喉に詰まっている草や藻を丁寧に取り除いて、腹に香草を詰めて、酸味の強い果汁とバターを重ね塗りしながら焼くと美味である、などと書いてある。ウグイに似た魚だから美味くはないはずだが、当時の英国人にとっては貴重な蛋白源であったろうし、英国人はそもそも味覚が鈍いから、バターと塩と香料で味つけをすればそれでけっこうな食い物になったのに違いない。

鯉の調理法も紹介されている。鯉は鱗を取らずに塩でこすって洗い、腹を割いて鍋に入れ、マヨラナ、タイム、パセリにローズマリーなどの香草を加え、玉葱を四、五個、塩漬けの牡蠣十個、アンチョビ三匹と一緒に煮る。この赤ワインは塩、香料で味つけをしたものという注釈がついている。鍋で十分煮こんだら皿に盛って、おそらく鯉の身も骨もぐしゃぐしゃに崩れているだろうと想像されるのだが、それに無塩バターを溶かし、煮汁、卵の黄身を二、三個分、さらに香草を加え、最後に檸檬をあしらって、さあ召し上がれ、ということなのだが、これではいったい何を食っているのかわからないのではないかと思われる。

鱒については、美味な魚で、とくに旬の五月は贅沢な美食家も満足させるはず、と当然ではあるけれども、他の淡水魚とは別格の扱いである。

それから釣り師は狩猟家に、鱒釣りの方法について説明する。鱒釣りに適した餌として、一番目にワーム、二番目にミノウ、そして三番目にフライを挙げる。現代の日本ではワーム、ミノウ、フライはいずれも一般的には疑似餌を意味する釣り用語として使われているが、『釣魚大全』のワームはミミズ、ミノウは小魚、フライは羽虫のことである。ミミズは釣りに使う前に一日水に漬けてよく泥を吐かせておくこと。小魚は素早く動き回る生きた小魚ならなんでも餌になるが、そうした小魚を二、三日塩漬けにしたものでもいいし、布と針金で小魚を模した疑似餌でも釣れること、羽虫（フライ）には果物と同じくらい多くの種類があること、羽のない青虫や毛虫でも釣れること、などが書かれている。

それから疑似餌として十二種類のフライの作り方についての説明がある。ダン・フライは胴体を焦げ茶色の羊毛、翅はヤマウズラの羽で作る。あるいは黒い羊毛で胴体を作り、翅は黒い雄鴨の尾の下の羽で作る。ストーン・フライは胴体を黒い羊毛、翅の下と尾の下は雄鴨の羽で黄色にする、といった内容である。

いまではフライフィッシングは疑似餌を使うものだが、当時は虫を使えば、それが生餌でも疑似餌であっても、概念的にはフライフィッシングということになる。

『釣魚大全』には疑似餌のフライで釣るときの心得として風を背にすること、竿先は下流に向けること、日が照っているときは自分と釣り竿の影が水面に写らないようにすること、なども書かれてはいるが、全体を通じてフライフィッシングについてはあまり詳細な記述がない。ウォルトンはフライフィッシングについて詳しくなかったから、第五版にチャールズ・コットンの『清らかな川での鱒とグレイリングの釣り方』、そしてロバート・ヴェナブルズの『熟練した釣り師 あるいは改善された釣り』を加えたようだ。フライフィッシングについてさらに詳しく書かれていなければ『釣魚大全』とは呼べない、そういう雰囲気が当時の英国の釣り事情にあったのではないかと察せられる。

しかしながら『釣魚大全』には、疑似餌のフライで釣るための道具について、軽くてしなやかな竿を選ぶこと、糸はなるべく細く、短いものを使うほうがいい、とフライフィッシングの技術的発展の方向性が示されている。実際フライロッドは時代を追って次第に軽く短くなり、釣り糸は馬の尾から絹へと代わり、そして化学繊維が開発されるとさらに細く丈夫になってゆくのである。リールは糸を巻く道具として古くからあって、中国にその起源があるらしいが、英国で十七世紀中頃にフライフィッシングの道具として使われるようになり、十八世紀に英米両国の鱒釣り愛好家にフライロッドとともに広まった。

アイザック・ウォルトンは、一五九三年八月九日、スタッフォードに生まれた。父親は居酒屋を営んでいたがウォルトンが幼い頃に亡くなった。ウォルトンにはとくに学歴らしいものはなく、商店で丁稚奉公をし、二十五歳のときにロンドンで布地の店を開いて暮らしを営んだ。そして五十歳を過ぎると商売を辞めてロンドンを引き払い、生まれ故郷のスタッフォードに近いところで執筆に専念した。三十四歳のときに結婚をして七人の子供をもうけたが、ひとりも成人することなく亡くなり、妻にも先立たれる。五十三歳のときに再婚して娘ひとり息子ひとりを育てたが、六十九歳で二人目の妻にも先立たれ、後妻の子供に晩年、面倒をみてもらった。文学好きの社交家であったらしく、詩人、文学者、名士たちと親交を持ち、何人かのそうした著名人の伝記を書いている。『釣魚大全』が出版されたのはウォルトンが六十歳のときである。

『釣魚大全』は好評だった。六十二歳のときに第二版、六十八歳のときに第三版、七十五歳のときに第四版を、それぞれ内容に手を加えて発刊している。第二、第三部を加えた第五版が発刊されたのは八十三歳のときである。八十五歳のときに最後の著作『ロバート・サンダーソン伝』を上梓した。そして九十歳の誕生日を迎えると、遺言書を一週間かけて書き、その四ヵ月後に歿した。

『清らかな川での鱒とグレイリングの釣り方』の著者チャールズ・コットンは一六三〇年生まれで、一五九三年生まれのウォルトンとかなり年が離れているが、もともとコットンの父親とウォルトンが親しい間柄であった。コットンは、第二部冒頭の「敬愛する父そして友であるアイザック・ウォ

ルトン翁に」と題する序文に、

　これまでもそうであり、いまもそうでありますように。これからずっとあなたの最も愛情深い子でありしもべでありたいと存じます。これまでは非公式でありましたが、今後は公式にもそのようにしてあなたのそばにあることをお許しください。（『完訳　釣魚大全　第二部』飯田操訳）

と書いている。

第二部は、ウォルトンの第一部の対話形式の文章を踏襲し、釣り師が旅人との会話形式でフライフィッシングについて指南する。

釣り師　私はいつも朝食にタバコを吸うのですが、よろしければ一服ふかしながら、何かほかのことをお話ししましょうか。

旅人　あなたがお約束くださった釣りの話以上に、今この時とこの場所にふさわしいものはないでしょう。

釣り師　これまでのお話からすると、今さらあなたにお教えすることはないように思います。でもこの北部地方の澄んだ川について何もご存じでないなら、お教えできることもあるでしょうから、鱒のどんな釣り方をお知りになりたいのかどうかおっしゃってください。喜んでそのとおりにするつもりです。この時期にはまだ、こんなに朝早く水面にフライを投げても駄目ですからね。まだ三月の七日になったばかりですから。

旅人　そこまで言ってくださるのでしたら、あまりご迷惑でない限り、鱒の釣り方についてすっかりお話しくださるようお願いします。包み隠さず申しますと、あなたのお人柄とご親切、それにこの美しいムアランドの地にすっかり心を奪われましたので、できるだけ長く滞在し、鱒釣りについてお教えくださることを漏らさずお聞きしたいと思います。無理にとは申しません。途切れ途切れでも結構です。

釣り師　そのように言ってくださるほどありがたいことはありません。それでは、あれこれ形式張ったことを言うのはこれくらいにして、さっそく話を始めましょう。わが父ウォルトンがすでにあなたにお話しされていることですし、それと同じ釣り方についてお教えするなど生意気なことをするつもりはありません。そんな僭越なことは誰もできないでしょう。なにしろ、あの方は、少なくともイギリス中の誰よりも、釣りをよく理解されているのですから。私は心からそう思っています。以前にも言いましたが、私のほうがうまく教えることができるなどといった自惚れた考えでその気になったのではなく、子供の頃から澄み切った川で釣りを楽しんできたものですから、そのことで何かお教えできることがあるかもしれないと思うのです。

実際、このあたりの川、少なくともそのうちのいくつかの川は、王国中で最も水が澄んでいます。このようにきわめて水が澄んでいるためにこのあたりでの私たちの釣りは、ほかの人たちがふつうに用いる方法とはかなり異なっています。ほかでは、水がこれほど澄んでいないため、もっと丈夫な仕掛けが使えるし、もっと川に近づくこともできるのです。

ですから、あなたご自身の川でも役に立つかもしれないこともいくらかはお教えできるでしょう。ウォルトン翁の『釣魚大全』では語られていない、もっとたくさんのフライを知っていただき、その作り方もお見せしましょう。新しいダビングの方法も教えするつもりです。

旅人　ぜひお願いします。ところで火打ち金をお貸しいただけませんか。パイプに火をつけて、一服やりたいのです。私にとっても、これがいつもの朝食なのです。（『完訳　釣

魚大全　第二部』飯田操訳）

そして釣り師は旅人にフライフィッシングの方法を指南する。水面に浮かべるフライ、水底に沈めるフライ、そして中層に沈めるフライの三つの方法に分けて説明し、さらに季節に応じて、一月から十二月まで月ごとに六十五種類のフライを使い分けについて、その作り方とともにとともに解説する。

旅人　そのお言葉を聞いて安心しました。あなたのおっしゃることは何でも信じてよい気になっています。後は、先ほどお聞きしたフライをつくれればいいのですが。

釣り師　作るのに時間はかかりませんよ。どうかよく見ていてください。いいですか、まず鉤はこう持って、こんなふうに始めます。裸の鉤のまわりに二、三回糸をこのように巻いて、鉤と釣り糸を添えて、次にこのようにウイングをつけます。こうしてダビング材をねじりながら巻きつけ、ヘッドのほうへ向かって仕上げてゆきます。それからウイングを二つに分け、余分なダビング材は絹糸からしごき取って結びつけます。そしてこんなふうにフライを整えて仕上げをします。さあ、どうですか、これは。

旅人　本当にとても素晴らしいです。本物のフライにそっくりですね。

釣り師　（中略）

日がよければ、そのフライは必ず魚は釣れるのですが、今日は口先でつつくばかりで、食いこみませんね。さあ、釣り小屋へ戻りましょう。今日は、このよどみでは釣りになりません。よろしければ、ご自分でフライを作って、流れのあるところで試してごらんなさい。ご自分で作られたフライで釣り上げた鱒は一匹でも、私の作ったフライで釣った鱒二十匹分より嬉しいものでしょう。（『完訳　釣魚大全　第二部』飯田操訳）

チャールズ・コットンは裕福な家柄に生まれ育った。学識と教養に溢れ、明るく誠実で、友と酒を愛する、気取りのない人物だったという。二度の結婚をしているが、生涯定職につかず借金に追われて暮らし、五十六歳で歿した。『清らかな川での鱒とグレイリングの釣り方』の著者として歴史に名が残るばかりではなく、モンテーニュ『随想録』の翻訳本の仕事をし、詩人としても評価されている。ラムは『エリア随筆』の一篇、西暦一八二〇年から一八二一年への年越しの心境を綴った『除夜』でコットンの詩を引用し、英国気質の素朴で寛容な心の味わいがある、と評している。

ロバート・ヴェナブルズの第三部『熟練した釣り師　あるいは改善された釣り』は、対話形式ではなく説話形式で書かれている。フライフィッシングのことばかりでなく鱒以外の淡水魚、パイク、アンバー、バーベル、チャブ、パーチ、鯉、テンチ、鰻、ドジョウなどの釣り方も、例えばミミズ、スズメバチ、ミツバチ、カナブン、チーズやサクランボも餌として有効なことなどが説明されている。『熟練した釣り師』は一六六二年に初版が出て好評を博し、何度か版を重ねた。ウォルトンはヴェナブルズと面識がなかったけれども、『熟練した釣り師』を『釣魚大全』に加えたいと手紙で要望してそれが実現した。

一六一二年生まれのロバート・ヴェナブルズは、ウォルトンとコットンのちょうど中間の世代である。ヴェナブルズは軍人で清教徒革命では議会派の中佐として戦い、英西戦争ではカリブ海遠征に派遣され、ジャマイカを占領した。王政復古を機に五十八歳で隠遁生活に入り、七十五歳で歿した。『熟練した釣り師』を上梓したのは六十歳のときである。

今日、英国での釣りはおおまかに「game fish」と「coarse fish（雑魚）」とに区別される。game fish は salmonid 系の鮭鱒とグレーリングを対象とするもので、後者は非 salmonid の淡水魚全般を対象とする。前者はフライフィッシングで、後者は餌釣りその他の釣りのことでもある。coarse は、粗悪な、粗雑な、下卑た、という意味の形容詞で、いかにも偏見に満ちたと差別的な区分である。

十八世紀頃からフライフィッシングが発展するに従って、「game fishing」は富裕層のsport（英国英語は単数表記）、「coarse fishing」は大衆の娯楽、という差別的な区分が進むわけだが、十七世紀後半にはすでにそういう風潮があったから、ウォルトンは『釣魚大全』にフライフィッシングについて詳しく書かれた第二部、第三部を加えたのだろうと推察される。二十世紀後半以降中流階級が台頭して、今日ではcoarse＝大衆、game＝上流階級という階級意識は薄らいではいるものの、実際にはイングランド、ウェールズ、スコットランドの川でサーモン、シートラウトやブラウントラウトを釣るとなると、釣りのライセンス料とは別に一日最低でも百ポンド、高いところでは千ポンドも支払わなければならず、しかも大抵の釣り場ではギリーも雇わなければならないので、フライフィッシングはやはり一般大衆にとってなかなか手がだせるものではない。

ヴェナブルズは『熟練した釣り師』で、英国の釣りについて、「coarse fish」と「game fish」とを差別することなく、自らの釣りの経験と実践に基づいて丁寧に解説しているのだが、それでも本書はフライフィッシングの歴史で重要な位置づけにある。それ以前、フライフィッシングの一般的な作法はフライを常に下流に向かって投げるものだったのだが、ヴェナブルズはそのことについて初めて問題提起をしたのである。

魚は、何かがちょっと目に入ったり、動く気配を感じただけでも怯えてしまいます。ですから、フライや浮子《うき》だけは見えるようにして、灌木や木の後ろに隠れたり川岸からできるだけ離れたりして、決して姿を見られないようにしなければなりません。そのために、底釣りでは長い竿を、疑似餌のフライを用いる釣りでは長い道糸が役立つのです。

この点に関しては、二つの異なった意見と実践に出合います。ある人たちは、いつもフライやえさを上流に向かって投げ、こうすれば道糸以外には何も魚には見えないと言います。これに対して、川下に向かって投げるのをよしとする人たちもいます。この人たちは、竿と糸を長くしておけば、水がいっぱいあるのだから魚の目にはつかないし、ついたとしても大したことはないと考えます。しかし、この場合だと、竿も道糸もそして釣り人自身も、魚の目にちゃんと入っていると断言する人もいます。

この意見の食い違いについては、私はただ次のことだけ言っておきましょう。小さな川では釣り上ることはできるかもしれませんが、大きな川では水中を歩いて行かねばならないでしょう。これを実行している人も知っていますが、そのために坐骨神経痛にかかった人もいます。私なら、楽しみのためのそれほど高い代価を払いたくありません。それに、上流に向かって餌を投げる場合、道糸を見ずに浸けないでおくことはできません。道糸を水に浸けてしまうのが、なぜまずいかはすでに述べたとおりです。

それにこの方法を用いる人たちが正直に言っていることなのですが、フライを投げた場合に道糸が先に水中に落ちてしまうとしたら、フライは投げないほうがましなのです。ただ魚を怯えさせるだけになってしまうからです。フライが先に落ちようと落ちまいと、確かに、この方法では、餌よりも道糸のほうが先に魚のいるところへ届くなり、落ちるなりすることになり、間違いなく魚を怯えさせてしまいます。

ですから、私の意見は、川を釣り下るほうがよいということです。釣り上る方法で二倍の距離を歩いたとしても、打ちこみの回数は釣り下る場合に及ばないでしょう。(『完訳　釣魚大全第三部　熟練した釣り師』飯田操訳)

いまでも、フライを上流に向かって投げるか、下流に向かって投げるか、はフライフィッシャーにとって、フライを水面に浮かべるか、水中に沈めるか、ということと併せて重要な問題なのである。

ヴェナブルズの釣りは実践的であり、釣りの心理を追求する厳しい姿勢はどこか求道的ですらある。しかしながら釣りはあくまで遊びであり、レクリエーションである。それに耽溺してはいけない。ヴェナブルズは自らを戒めるように『熟練した釣り師』を次のように締め括っている。

何のレクリエーションでも毎日やってはいけません。毎日やるものは、仕事にほかならないのです。節度のない耽溺と放縦が、そのレクリエーションとの交わりを好ましくないものにし、そのなかにある満足と楽しみをだいなしにしてしまうことのないようにしなければなりません。
(『完訳　釣魚大全　第三部　熟練した釣り師』飯田操訳)

四　ジョン・ウォーラー・ヒルズと釣りの本

フライフィッシングに関する最古の文献は、紀元前二世紀、古代ローマの著述家クラウディオス・アイリアノスが、マケドニアで虫の擬餌鉤を使って鱒を釣ることを書き残したものだと言われるが、『鱒の毛鉤釣りの歴史』(A History of Fly Fishing for Trout　一九二一年発刊)の著者ジョン・ウォーラー・ヒルズは、一四九六年に発刊されたジュリアナ・バーナーズ女史の『釣りで魚を獲ることについて』(Treatise of Fishing with an Angle)を、英国のフライフィッシングの開祖として位置づけている。

ジョン・ウォーラー・ヒルズは一八六七年生まれの英国のフライフィッシャーで、その著書『鱒のフライフィッシングの歴史』は、フライフィッシングの様式と方法論が文献として残る十五世紀末から二十世紀までの膨大な文献をひもときながら、それぞれの文献のフライフィッシングの発展に与えた影響とその文学的価値について批評している。

『釣りで魚を獲ることについて』は全四十数ページのほどの、書物というよりは冊子程度のものだが、フライフィッシングのスポーツとしての意義とその実践方法について初めて体系的に書かれた歴史的な一冊である。まず釣りが狩猟、鷹狩、鳥打ちよりも面白く、しかも精神に良い影響をもたらすのだと説いている。狩猟は、犬を追いかけて走り回って汗をかき、鷹狩や鳥打ちもそうだけれども服が汚れ、破けてしまうこともある。肉体的にも精神的にも負担が大きい。それに比べると釣りは優雅とまでは言わないが、もっと手軽でしかも解放感があるという。釣りの精神的効用に続けて、釣りの方法と道具、竿のつくり方、仕掛け、釣り糸、フライについての説明がある。ヒルズによれば、それ以前にもスポーツとしての釣りについての文献はあり、おそらくバーナーズ女史もそれらの文献を参考にしたであろうと推理されるのだが、『釣りで魚を獲ることについて』の内容はその後に書かれる膨大な数の釣りの指南本の原型になっているのである。ただ、著者であるジュリアナ・バーナーズ女史がどういう人生を送ったのかは不明であり、その実在を証明する文献もない。ヒルズは『釣りで魚を獲ることについて』の書かれた時代背景を「一四九六年というと薔薇戦争が終わって十年、デジデリウス・エラスムスは渡英前、マルチン・ルターはまだ学生で、ウインキン・ド・ウォードがウエストミンスターでウイリアム・キャクストンから印刷事業を引き継いだ頃、北米大陸の最初の発見者であるジョン・カボットがニューファンドランドに向かって航海中である」と要約している。

一四九六年の英国はテューダー朝の時代である。テューダー家はウェールズの君主の末裔であるが、イングランド王家との婚姻関係によって王位継承権を獲得し、ヘンリー七世が内乱を勝ち抜いて、一四八五年に戴冠して王朝となる。そのヘンリー七世に始まるテューダー朝の絶対王政を支えていたのがジェントリ（gentry「郷紳」と訳される）と呼ばれる、紳士gentlemanの祖先たちである。釣りも、その釣りを嗜みとする紳士の起源もテューダー朝の時代に遡るのである。

ジェントリは、貴族に次いで上流階級に位置づけられる身分の総称で、家柄や所領規模によってバロネット（baronet）、ナイト（knight）、エスクワイア（esquire）などの称号を持ち、無給の公職、いわゆるノブレス・オブリージュ（noblesse oblige）を務めるのを旨とした。例えば、身分制議会に州代表として選出され、治安判事などの地方行政職を無給で引き受けて地域の治安維持や収税を行い、慈善事業に取り組むのである。元来は封建領主としての領地運営が本分であったが、十六世紀頃から商業活動にも積極的になりその経済的な地位を高めたが、ノブレス・オブリージュを務めて俄か成金とは一線を画した。ジェントリは十七世紀頃からgentleman（紳士）と呼ばれるようになり、やがて富の蓄積をした資本家、企業家として産業革命を牽引する役割も担い、二十世紀初頭に至るまで、社会に大きな影響力を与える存在であった。

テューダー朝成立以前、十四世紀から十五世紀まで英国は戦乱の世であった。一三三九年から一四五三年までは英仏間の王位継承権を巡って争う百年戦争があり、一四五五年から一四八五年まで赤薔薇を紋章とするランカスター家と白薔薇を紋章とするヨーク家が覇権を争う、いわゆる薔薇戦争がある。ヘンリー七世がジェントリを重宝したのは乱世で多くの貴族の家系が絶えてしまったからでもある。国王を脅かすほどの大貴族の存在はなかったが、教会が国王に抵抗する一大勢力としてあったから、王家の地位は絶対的なものではなかった。英王国の三分の一は教会領で、教会は信徒から貪欲に富を巻き上げローマの法王庁に献上していたのである。ヘンリー七世を継いだヘンリー八世は、王妃離婚問題に端を発してローマ教皇と対立し、やがて英国内の教会領を没収してしまう。

ヘンリー八世は、十六世紀から十七世紀にかけてフランスのブルボン朝とともに絶対王政を敷いた英国テューダー朝の象徴的な存在である。ラテン語、スペイン語、フランス語に通じ、音楽にも造詣が深く、馬上槍試合や狩猟などのスポーツも得意であった。大食漢、稀代の好色家、しかも残虐であったと言われ、六人の妃を娶って二番目の妃と五番目の妃を処刑にしている。最初の妃キャサリン・オブ・アラゴンは、もともとヘンリー七世の長男アーサー王の妃としてイベリア半島の王家から嫁いできたのだが、結婚から数ヵ月で婿が急逝してしまう。そして、実家に戻すと巨額の持参金も返さなければならないからそれを惜しんでとの説があるが、アーサーの弟ヘンリー八世と再婚する。キャサリンは度重なる流産と死産に見舞われ、無事に育ったのは女児ひとりだけである。結婚当初夫婦は仲睦まじかったのだが、男児を望むヘンリー八世は妃に対して徐々に冷淡になり、宮廷に仕えていたアン・ブーリアンと恋に落ちて、ローマ教皇にキャサリンとの離婚を請願した。兄嫁だったキャサリンとの結婚はそもそも無効だったというのがその言い分である。しかし、そもそもヘンリー八世とキャサリンとの結婚は、父親のヘンリー七世がローマ教皇に特別に認めてもらったのだから、ローマ教皇にしてみればなんとも身勝手な請願で、当然認められない。しかし絶対王政の権化であるヘンリー八世も負けてはいない。英国における教会の最高指導者は国王だという法令を定め、ローマ教会と絶縁して修道院を解散して財産を没収してしまう。ローマ教皇もヘンリー八世を破門する。これが英国の宗教改革の始まりである。宗教改革が始まると下院議会の代議士であったジェントリたちは国王を支持し、その見返りに修道院の財産を払い下げてもらった。そうしてこの時代、ジェントリの社会的影響力と地位が高まっていくのである。

英国の年表をつらつら眺めていると、欧州大陸の国々もそうだけれども、民族の移動や侵攻、王朝の変遷、それに宗教と政治思想の影響で歴史が度々動いていることがわかる。

古代にさかのぼってケルト人、そしてローマ人、アングロサクソン人、ゲルマン人、北欧ディーン（ヴァイキング）人、ノルマン人がそれぞれの時代にグレートブリテン島に上陸している。王朝はウェセックス王国からノルマン朝、プランタジネット朝、ランカスター朝、ヨーク朝、テューダー朝、ステュアート朝、ハノーヴァー朝、サクス＝コバーグ＝ゴータ朝、そしてウィンザー朝まで他国の王室と血縁関係を結びながら、今日まで続いている。その間宗教革命と市民革命が起きて、戦争が繰り返される。

英国と日本はユーラシア大陸の西と東の端にあっていずれも島国ながら、英国のめまぐるしい歴史の変遷に比べると、日本の歴史の大転換は、大化の改新、明治維新、そして太平洋戦争後の米国の占領政策の三度くらいで、ずいぶんと事情が異なるものだ。

英国の正式名称は、グレートブリテン及び北アイルランド連合王国（The United Kingdom of Great Britain and Northern Ireland）、すなわちイングランド、ウェールズ、スコットランド、北アイルランドを主な領土とするが、十八世紀から二十世紀初頭にかけて世界地図を塗り潰す勢いで植民地を広げた。米国独立後にもなおカナダ、オーストラリア、ニュージーランド、中南米のギアナ、ジャマイカ、ホンジュラス、トリニダードトバゴ、フォークランド諸島、南シェトランド諸島、インド、ビルマ、香港、威海衛、マレー半島、北ボルネオ、クウェート、南アフリカ、エジプト、スーダン、ローデシア、ナイジェリアなどを支配していた。英国人たちは世界各地に釣竿を持っていき、明治時代に来日して釣り歩いたチェンバレンやグラバーがそうであったように、鱒のいる川を探してフライをキャスティングしたのである。鱒がいなければ、川に鱒を放って釣りをした。それが成功して日光湯川はフライフィッシングのメッカになったし、オーストラリアやニュージーランドには、いまや世界中から釣り人が集まるようになったのである。何しろ釣りは、フライフィッシングは、紳士の嗜みであった。社会的に地位のある男、ある経済的に余裕のある男は釣りをする、そういうものだったである。そして多くの釣り師たちが、釣りについての多くの本を書いた。その結果英国には膨大な数の釣りに関する本が遺され、釣り文学が生まれた。ヒルズは『鱒の毛鉤釣りの歴史』で次のように述べている。

釣りほど文学に適したスポーツは他になく、その最良のものはすべからくフライについて書

かれたものである。釣りはその黎明期から表現力豊かな書き手に恵まれており、とくにフライフィッシングについて、多くの優れた著者が、散文、詩文のいずれにおいても書いている。それらの著名なものについては前章で触れたが、その著作は一般的にもよく知られている。あらゆる家庭においてその名の知れたウォルトンはさておき、コットン、ガイ、ハンフリーデービー候、ストッダート、コルクホーン、アンドリュー・ラング、ハルフォード、そしてグレイ卿のことを耳にしたことくらいはあるだろう。

しかし知名度ない著者は他にも多数あって、釣り愛好家にさえも知られていないが、それらもまた著名人のそれに比べて遜色ないほど面白い。実のところ才能に恵まれているとはいえないが、彼らにも語るべきことが多くあるのだ。(『鱒の毛鉤釣りの歴史』筆者訳)

ヒルズは、フライフィッシングの歴史に最も大きな影響を与えた書物四冊を、膨大な文献のなかから選んでいる。一四九六年刊行、ジュリアン・バーナーズ女史の『釣りで魚を獲ることについて』、一六七六年刊行、『釣魚大全』第五版で第二部として補完されたチャールズ・コットンの『清らかな川での鱒とグレイリングの釣り方』、一八五七年刊行W・C・スチュアートの『実践的釣り師』、そして一八八六年刊行フレデリック・ハルフォード『水に浮くフライとその作成法』の四冊である。

バーナーズはフライフィッシングの開祖で、コットンがフライフィッシングを確立し、ステュアートはフライフィッシングに革新をもたらした。そしてハルフォードは現代のフライフィッシングの理論と実践方法を体系化した、とヒルズは評価している。

フライフィッシングの歴史は、釣りの道具と釣り方の変遷の歴史でもある。ロッドは木材から竹、そしてカーボンファイバーへと素材が変わり、ラインは馬の毛から絹、そしてナイロン、ダクロンなどの化学繊維になって、耐久性が増し、軽量化した。フライフィッシングの道具は技術の進歩とともに改良が加えられてきたが、釣りの方法が道具の在り方に影響するようになる。

ヒルズは、ステュアートの、固く短いロッドでフライを上流に向けて投げる独特の釣り方、それを著した『実践的釣り師』をフライフィッシングの歴史的転換として位置づけている。

W・C・ステュアートこと、ウイリアム・クローストーム・ステュアートは、一八三二年六月三日、スコットランドの現在のエディンバラに生まれ、家族とともに商売を営み、その合間に釣りをした。『実践的釣り師』はステュアートが二十四歳のときに発刊された本である。

この本の一九九六年の復刻版に、アルンデル・アームスの女主人、アンさんの二度目の夫であるコンラッド・ボス・バーク氏が序文を寄せている。

少年の頃、ヨークシャーの平原の流れで釣りをするときは、下流に向かってフライを投げて、鱒を惹きつけるため波に合わせてひらひらと動かすものだった。しかしある日、それをじっと見ていた老人が近寄ってきて、田舎の人らしい丁寧さで、フライは上流に向かって投げる方がいい、と言った。

「後ろから攻めると魚に気づかれない。鉤の掛かりもいい。こういうふうに短くキャストするんだ、ちょっとかしてみなさい」彼は私のグリーンハートのロッドを持つと、岩陰の水面、波だったところ、そして土手の下の流れに向かって、フライをうまく投げ入れた。

「魚を探り当てるんだ」と彼は続けた。「二ヤードも流したら引き上げて、その先へ投げこむ。そうやって探るんだ。フライが多少沈んでもかまわない、着水したときに釣れることが多いからな」

当時私はまだ知らなったけれども、実のところ、それはステュアートの釣り方で、その老人が『実践的釣り師』を読んでいたかどうかはわからないが、その釣り方が広く知られていたことになる。一八五七年に書かれたその本は、同時代の数年先を行っていた。上流、斜めに向かってフライを、きっちり、こまかく、丁寧に投げいれるやり方は新しかった。実に独特の方法である。本は重版されるたびに売り切れた。彼は南部のチョークストリームの釣り師たちよりも数年先を行っていたから、ハルフォードやフランシスなどは、国境のウエットフライを使うこのフライフィッシャーのことをやや軽んじていたのかもしれない。しかしその方法は、イングランド、スコットランドのライムストーンや速い流れの川のフライフィッシャーたち、後のプリッツ、ウォルバーン、エドモンド、そしてリーにしっかりと受け継がれ、確立されたのである。

本書は実践的であるばかりでなく、釣り文学としての魅力に溢れ、巧みな言葉使いで、読む者を彼が愛してやまなかった川に誘う。そこから連想で——何世代か前の、先端に釣り糸を括り付けた木製の竿を使う辺境の釣り師、ジェームズ・ベイリー——のことなどが思い起こされる。そのようにしては、あるいは別のありようで、ステュアートを読む者は心を動かさずにはいられないだろう。

彼は水棲昆虫について無頓着だったから、フライパターンはどれも同じようなもので、ジェームズ・ベイリーのフライ、あるいはもっと古い世代のものとたいして変わらなかったが、湿原を流れる急流の渦で、フライを生きた昆虫がもがいているように見せた。

いつであったか、私がジェド川に釣りに行く途中、国境のジェドバラの煙草屋に入ると、なんとそこにステュアートのフライが、小さな箱に入れてスパイダーが（あたかも）私のために売られていたのである。ステュアートという男はやはりたいしたものだ。会ってみたかったと思う。(『実践的釣り師』一九九六年復刻版　コンラッド・ボス・バークの序文　筆者訳)

ステュアートは温厚で実直な、好人物だったらしいのだが、独身のまま四十歳で他界した。ステュアートには『実践的釣り師』の他に、一八七一年に出版された『釣り師の心得』(Caution to Anglers) があり、コンラッド・ボス・バーク氏が序文を寄せた『実践的釣り師』の復刻版には『釣り師の心得』も収録されている。

『水に浮くフライとその作成法』の著者フレデリック・ハルフォードは一八四四年四月十三日ロンドンのユダヤ系の裕福な家庭に生まれ、二十四歳からフライフィッシングをするようになった。三十三歳のときにホートン・フィッシング倶楽部の会員になり、四十五歳で仕事を辞めて釣りに没頭した。『鱒の毛鉤釣りの歴史』を書いたヒルズも、このホートン・フィッシング倶楽部の会員であった。

ホートン・フィッシング倶楽部は、英国で最も古く、最も格式の高いフィッシング倶楽部で、ハンプシャー州ストックブリッジを流れるテスト川十五マイルがその管理下にある。一八二二年に会員十三名で設立され、その会員数は現在僅か二十数名である。日本の総理大臣にでもなって所望すれば叶うかもしれないが、滅多なことでは出入りのできる場所ではない。

ハルフォードはこのホートン・フィッシング倶楽部で伝説のフライフィッシャー、ジョージ・マリアットに出会う。マリアットはハルフォードよりも四歳年上の元軍人で、一九世紀を代表するフライフィッシャーだと言われる。ハルフォードとマリアットからフライフィッシングについて学び、水棲昆虫を研究しながら、次々と新しい毛鉤の作成方法を考案した。ハルフォードは水に浮かべる毛鉤、ドライフライの信奉者で、その理論と実践方法を体系的にまとめ、ドライフライの父と呼ばれる。ヒルズはハルフォードのことをドライフライの歴史家と呼んでいる。

『水に浮くフライとその作成法』は実際のところ、ハルフォードとマリアットの共同研究の成果であったが、マリアットは社会的な名声に関心がなかったらしく、ハルフォードの申し出を断って共同著者にならなかった。ハルフォードは序文でマリアットに謝辞を述べ、本文中でもマリアットのフライについての見解を紹介している。

『水に浮くフライとその作成法』には約百種類のドライフライ、その素材と色、そして効果、についての説明がある。フライはフック（鉤）に鳥の羽や動物の毛を糸で巻いて、虫に似た形状にするのだが、フックの大きさ、虫の翅、胴、脚、尾それぞれの部分に最も適した素材と色合いが、丹念に紹介されている。例えばカゲロウの——それも何種もあるのだが——翅には椋鳥《むくどり》の羽根（feather）、胴の部分には孔雀の羽軸（quill）、脚にはウサギの毛、尾には雄鶏の側頸部の長い羽毛、などという指定があって、夏の釣りに威力を発揮するなどと書かれている。いずれにしても、カゲロウやトビケラなどの水棲昆虫を模した水に浮くフライ、ドライフラで鱒を釣るのがハルフォードの流儀、作法であった。ハルフォードは自分の釣り、ドライフライフィッシングについて次のように述べている。

ドライフライフィッシングを定義するとしたら、私は、ライズしている魚に対して、自然の中において魚が捕食している昆虫に可能な限り似ているイミテーションを呈示すること、と考えています。

このことをさらに分析すると、まず第一に羽虫を捕食している魚を見つけること、第二に、呈示するフライはその羽虫にサイズや色が似たすぐれたイミテーションであること。第三に、フライは自然の姿勢で、翅をまっすぐ上に立てて――これは我々の専門用語でcocked（立っている）と言いますが、水面に浮いている状態であること。第四にフライが魚の真上をドラッグなしに流れるようにするために、フライを水面にそっと置くこと。そして第五に、魚が釣り人や竿の反射に気づく前に以上のことがらが完全に満たされなくてはいけない、というものです。

（『水に浮くフライとその作成法』川野信之訳）

ハルフォードは『水に浮くフライとその作成法』で、古くから使われていたドライフライの理論と実践方法を体系化し、生涯にわたってその研究と著作を続けた。その後の著作に『ドライフライフィッシング、その理論と実践』(Dry-Fly Fishing, Theory and Practice 一八八九年)、『釣り場づくり』(Making a Fishery 一八九五年)、『ドライフライの昆虫学』(Dry Fly Entomology 一八九七年)、『ある釣り師の自叙伝』(An Angler's Autobiography 一九〇三年)、『ドライフライの近代の発達』(Modern Development of the Dry Fly 一九一〇年)、『ドライフライの手引き』(Dry-Fly Man's Handbook 一九一三年)、がある。

フライフィッシングにおける水面の釣り、つまりドライフィッシングは、ハルフォードがその理論と方法を体系化して大いに発達したが、ほぼ同じ時代、二十世紀初頭に水面下の釣り、ウエットフライの釣りも、G・E・M(ジョージ・エドワード・マッケンジー)・スキューズによって進化した。

スキューズはハルフォードよりも十四歳年下で、弁護士の仕事の傍ら、イッチョン川で釣りをし、『チョークストリームにおけるちょっとした戦術』(Minor Tactics of the Chalk Stream 一九一〇年)、を書いた。

スキューズは、ドライフライで釣れないときにウエットフライを用いるとたちまち釣れる、というその経験をもとにウエットフライ、とくにニンフnymph（水棲昆虫の幼虫）を模して水面下に沈めるフライの理論と実践方法をまとめ、その有効性を主張した。その主張はハルフォードのドライフライに対抗するものであった。そしてそれは、フライフィッシングの在り方について、フライを水面に浮かせるか沈めるか、それぞれの支持者が、それぞれの正当性を主張して論争にまでなった。

『鱒の毛鉤釣りの歴史』で、ヒルズはスキューズがウエットフライの技術的発展について寄与したことを認めつつも、その方法の多くは既にW・C・ステュアートが実践していたものだから、とその功績をあまり評価せず、鱒の動きが目に見えるドライフィッシングの方がやはり面白いと言っている。ヒルズの本職は政治家であった。『鱒のフライフィッシングの歴史』にヒルズは「釣りをしていれば、憂鬱な出来事のもとになる強情な人々や言い争いの場から離れていることができる。いつの時代も政治家が気晴らしに釣りをするのはおそらくそのためである」などとも書いている。

ヒルズは一八六七年一月二日にロンドンの中心地で裕福な家柄に生まれ育ち、イートン校からオックスフォード、ベリオール校へと進む。いずれも英国で最上位に位置づけられる名門校である。三十歳で弁護士となり同年結婚したが、その僅か数ヵ月後に妻が他界し、以後独身で過ごした。三十九歳で保守党の代議士となる。第一次世界大戦が勃発するとダラム州軽騎兵大尉として従軍し、一年後に少佐、その翌年には中佐へと昇格するが、一九一六年に負傷して帰還。その後再び政治家になって、一九二二年から財務省長官を務め、一九二九年には「女王陛下の最も高潔なる枢密院顧問官」(Her Majesty's Most Honorable Privy Council) に任命される。長らく独身であったが、六十四歳で再婚し、七十一歳で歿した。生前爵位を授けられることが決まっていたのだが、授与式の数日前に急逝してしまったために、その爵位は幼いひとり息子に与えられた。

『鱒の毛鉤釣りの歴史』は一九二一年、ヒルズが五十四歳の年に出版された。ヒルズにはその他にもフライフィッシングについての何冊かの著作があって、一九二四年に出版された『テスト川のひと夏』(A summer on the Test) には、美しい文章で、釣りと釣りの魅力が見事に描かれている。

五　蜉蝣《かげろう》

毎年春先になると養沢川毛鉤専用釣り場から解禁を知らせる葉書が届く。その葉書が届くと私はT君と連絡を取りあって一緒に釣りに行くのを恒例にしていたのだが、何年か前にT君との日程調整がうまくいかずに行きそびれて、その翌年の春も、連絡を取り合いながら結局都合がつかなかった。長年の恒例行事がそれで中断し、私は養沢川の釣りから遠のいてしまった。

一方T君は養沢川に通い続けていた。

「魚がひどくスレてる。フライに見向きもしなくてね」

来場者が増えて鱒が毛鉤に反応しなくなってしまったのだという。あまり釣れなくなったという
T君の嘆きに、私は養沢川からますます足が遠のくようでもあった。その間T君と私は福島や北海道に一緒に釣りに行き、何度か酒も飲んでいる。T君は私よりも釣りに行くし、私よりも酒を飲む。T君とは家庭のことや仕事のことはあまり話さない。飲みながら話すのは釣りのことである。養沢川毛鉤専用釣り場の受付、休憩場でもある丸太小屋が焼失してしまったこと、その後仮設テントで入渓の受付をしていたこと、そして新しい丸太小屋が再建されたことを、私はT君から聞いて知った。丸太小屋の焼失の原因は放火だったのだという。

私が脳梗塞を患って仕事を辞めたことを知らせるとT君は心配してくれたけれども、私は、見舞いは不要、会いたくなったらこちらから連絡するからと、T君の寛容さに甘えた不調法をした。それからしばらくして、養沢川毛鉤専用釣り場から解禁を知らせる葉書が例年通りに届いた。養沢で最後に釣りをしたのはいつだったたか、と年月を指折り数えているうちに、私は無性に釣りに行きたくなった。釣りの本ばかり読んでいるせいもある。

その葉書を手に持って「釣りに行きたい」と私が言うと、妻は「足元がまだ覚束ないのだし、川

に入ると体が冷えるから」と反対した。もとより妻に逆らってまで釣りに行く気などない。彼女は毎日炊事や洗濯、掃除をし、私の面倒を見ている。私はといえば本を読むばかりで何もしない。前妻とようやく離婚の合意に達したけれども失業中である。

脳梗塞で倒れたときには離婚調停中で、すでに次の調停期日が決まっていた。まだ痺れのある右脚を引きずって家庭裁判所に行き、脳梗塞を患って職を辞さざるを得なくなったことを告げると、二人の調停委員は驚いてその内容を繰り返し確かめた。調停委員は男女ひとりずつであった。

「仕事を辞めたのですね」

「後遺症はないのですか」

やや興味本位であるような質問にも、私は努めて実務的に答えた。

その半年前、家庭裁判所の一室で初めて、二人の調停委員に対面して、私が離婚の申し立てをするに至った経緯を説明すると、女性の調停委員は、

「あなた、有責配偶者ですよね」

と、私を責めるように言った。

「はい」

と、私は頷くしかなかった。妻とは別の女性と暮らし始めて七年が過ぎていること、それ以前か

ら夫婦関係が壊れていたこと、それは主に私の不貞が原因であることなど、壊れてしまった夫婦関係について説明する私に、彼女は不快感をあらわにして、事実関係を確かめるためといいながら質問を重ね、そう投げかけたのだ。男性の調停委員は黙って私の話を聞いていた。有責配偶者とは、婚姻関係の破綻の原因を作った側の配偶者のことである。自分の立場をわきまえているのか、と彼女は私に問いかけたのである。無論その自覚も罪悪感もある。しかし、妻と別居してから七年過ぎて、その間妻と顔を会わせたのは、母が亡くなったときと、家庭裁判所で調停が始まったときの二度だけである。話し合いを試みたが無駄だった。私には彼女が何を考えているのかわからないし、彼女にも私の考えがわかないだろう。もういいかげん決着したいのだ、と私は訴えた。

退院後の調停が、四度目であった。申立人である私と、相手方である戸籍上の妻が、調停人と別々に面談をする別席調停である。私は調停委員の質問に答えるかたちで、失職はしたけれども離婚の条件である経済的負担は負うと約束した。

「それができれば、調停は成立すると思いますよ」

と、女性の調停委員が憐みの表情を浮かべて、と私には思えたのだが、言った。

年が改まって、五度目の調停で経済的な条件について合意をした。そして、その条件を満たせば、要するに慰謝料と調停料を払えば、離婚が成立することになった。

私は毎日、何をするでもなく、どこに行くわけでもない。人に会うこともない。心は穏やかではないけれども、毎日が無事に過ぎた。T君のみならず私のことを心配してくれる人が少なからずあって、有難いことではあるが私は誰にも会いたくなかった。

桜が咲き始めた頃、私は釣りに行くつもりで毛鉤を巻き始めた。読書に飽きると、毛鉤を巻き、目黒川沿いの遊歩道を散歩しながらキャスティングの動作を真似た。毛鉤を巻いていると、水面に浮かぶ毛鉤を見つめているときのように、無心になる。その毛鉤に鱒が食いつくところを思い描くと、水飛沫の音がする。やはり釣りがしたいのだ。

桜の咲く目黒川沿いの遊歩道を妻と並んで歩きながら、私は
「そろそろ釣りに行こうかな」

と言った。反対するかと思ったのだが、妻は、

「行っておいでよ」

と笑顔で言った。

「なんだか、嬉しそうじゃないか」

「元気になって、一緒に散歩できるようになって、よかったね」

しばらく歩いてから私は言った。

「仕事を探す。そして結婚しよう」

私は五十五歳、彼女は四十八歳で、一緒に暮らし始めてから八度目の春である。


暖かくなるのを待ちながら、三月が過ぎて四月になった。桜の花が咲いたというのに寒い日が続き、釣りに行くかどうか、天気予報を見ながら何日か過ぎて、結局釣りにでかけたのは四月の中旬、桜が散ってからである。

午前五時頃に渋谷の自宅を出て養沢川に向かった。

車で一時間半ほど、通いなれた道だけれども途中夜が白み、日が昇るとやはり心が急いてくる。多摩川を渡る橋を過ぎるとやがて多摩川支流の秋川がある。養沢川は秋川のさらに支流である。養沢川に沿った緩やかな登り道を車で走るとやがて養沢川毛鉤専用釣り場の丸太小屋にたどり着く。

養沢毛鉤専用釣り場の営業時間は朝六時から日没までである。

私は六時半頃に到着した。丸太小屋で受付順に番号の記されたバッジを貰うと、十二番目であった。

「平日にしては、入ってますね」

私がそう言うと、受付の婦人は頷いた。週末には四十人以上の来場者があるのだという。

「でも、若い人はあまり見かけませんね」

と受付の婦人は言った。

「そうですか」

「団塊の世代の人たちでしょうか。仕事を引退して平日来られるようになったから、とおっしゃる方が多くて」

団塊の世代は私よりもひとまわりほど上の、一九四七年から一九四九年生まれの世代である。戦後のベビーブームに生まれた彼らは、厳しい受験戦争を経て大学生になると、世界同時多発的に起きた反体制運動の日本での中心的な役割を担い、大学を卒業すると体制側に与し、年齢を重ねて指導的な役割を担い、戦後日本の価値観形成に大きな影響を与えてきたが、いまやその多くが仕事を第一線から退き、人生の黄昏を迎えている。健康で、経済的に余裕があればゴルフをしたり、ハーレーダビッドソンに跨ってツーリングをしたり、サイクリングをしたりする。海外旅行に行き、百名山に登る。仲間と集って酒を飲み、歌いもする。フライフィッシングもするだろう。

「よかったら、コーヒーをどうぞ」

淹れたてだから、と婦人に勧められて私はコーヒーを飲んだ。

「何年かぶりでここに来たのですが、小屋が焼けて、新しくなったのですね」

「ええ、三年前焼けて、二年前に新しくなりました」

「放火だったのですか？」

「そう、驚きました」

「どうして火をつけたりしたのですかね」

「放火犯はそういうものなのでしょう、火をつけたくてたまらないって。ここだけじゃなくて他でも放火したっていうし。でも捕まったんですよ、犯人」

「地元の人ですか」

「まさか」

私は失言を詫びた。それから、このあたりで栽培される野菜のことを話題にした。以前は丸太小屋の玄関脇で地元農家の栽培するじゃがいも、椎茸、小松菜などを並べて売っていたが、今も売っているのだろうか、と尋ねた。すると婦人は、今日も昼頃には朝採れの野菜が並ぶはずだと言った。無人販売で代金は箱に入れることになっている。

私はコーヒーを飲み終えると婦人に礼を言い、帽子に十二番のバッジをつけて丸太小屋を出た。そして車から道具を取り出し、釣りの支度をした。

支度を整えて川を見渡すと、桜の花が散り、花びらが川面のあちらこちらに浮いている。他には釣り人の姿がないから、皆上流に向かったのだろう。受付を済ませるとすぐに車に乗って上流に向かう人があるけれども、私はいつも丸太小屋に近い最下流から釣り上る。

私は足元を確かめながらゆっくりと坂をくだり、川岸に立って流れの中に鱒の姿を探した。

鱒が緩やかに泳いでいる。泳いではいるが、上流に向かって、川の流れと同じ速さで泳いでいるからとまっているように見える。鱒はそうして餌が流れてくるのを待っているのだ。よく目を凝らして見ると、一匹だけではない。その後ろにも、横にも、何匹かの鱒がいる。

川の流れには、流れの筋がある。いくとおりかの筋にはそれぞれ芯がある。その芯の水面下で鱒たちは何かが流れてくるのを待っている。じっとしているように見えるが、そうして身構えているのだ。

一匹の蜉蝣が、羽を震わせながら川面を漂っている。水面を、流れに乗って下っている。この蜉蝣は幼虫期を、冷たい川底で苔や微生物を食べて過ごし、ようやく亜成虫になって水面に出てきたばかりに違いない。流れの芯に乗って、水面を滑りながら脱皮しているのだ。白く薄い羽を伸ばせば、もう飛べるはずだ。

蜉蝣が白い羽を広げて、軽く震わせて飛び立とうとしたそのときである。ごぼりと水面が割れて、一匹の鱒が躍り出た。そして蜉蝣に食らいつくと、歓喜に鰭を震わせ、水に潜って姿を消した。一瞬のできごとである。鱒が跳ねて小さな波紋が広がった。
川は静かに流れている。その水面下では鱒たちが何かを待っているのだ。

参考文献

フランク・ソーヤー著　シドニー・ヴァインズ編　能本功生訳『フランク・ソーヤーの生涯』（平河出版社　1991年）

フランク・ソーヤー著　倉本護訳『イギリスの鱒釣り』（晶文社　1990年）

エドワード・グレイ著　西園寺公一訳『フライフィッシング』（TBSブリタニカ　1985年）

アイザック・ウォルトン、C・コットン、R・ヴェナブルズ著　飯田操訳『完訳　釣魚大全』ⅠⅡⅢ（平凡社　1997年）

山本素石著『つりかげ』（PHP文庫　1992年）

幸田露伴著『水の東京』（青空文庫）

幸田露伴著『蘆声』電子書籍版〈底本・岩波文庫〉（岩波書店　1925年）

山本素石著『渓流物語』（朔風社　1982年）

フレデリック・ハルフォード著　川野信之訳『水に浮くフライとその作成法』（カワノ・ブックス・水公舎　2013年）

G･E･M･スキューズ著　川野信之訳『フライに対する鱒の行動』（カワノ・ブックス・水公舎　2015年）

庄野順三著『陽気なクラウン・オフィス・ロウ』（文藝春秋　1984年）

中村汀女著『中村汀女　汀女自画像』（日本図書センター　1997年）

ラム著　戸川秋骨訳『エリア随筆』（岩波書店　1940年）

Basil Hall Chamberlain: *Things Japanese*, 1890. 電子書籍
（日本事物誌）

The collected works of Ernest Hemingway, Must be Interactive, 2014. 電子書籍
（ヘミングウェイ選集）

The Best Letters of Charles Lamb, Edited with an introduction by Edward Gilpin Johnson, 1892. 電子書籍
（チャールズ・ラムの書簡選集）

West Country Fly Fishing, An Anthology edited by Ann Voss Bark, Robert Hale London, 1998.
（西部地方の毛鉤釣り）

John Waller Hills: *A History of Fly Fishing for Trout*, Phillip Allan &Co.
（鱒の毛鉤釣りの歴史）

Dame Juliana Berners: *A Treatyes of fysshynge wyth an angle*, Wynkyn de Worde, 1946.　電子書籍
（釣りで魚を獲ることについて）

The Complete Angler: Or, the Contemplative Man's Recreation, A modern Library E-Book. 電子書籍
（釣魚大全、または瞑想的な男の気晴らし）

W. C. Stewart: *The Practical Angler or the art of trout-fishing More particularly applied to clear water*, First published, A&C Black, 1857.
（実践的釣り師　または鱒釣りの技、とくに清らかな流れに役立つこと）

A Caution to Anglers, First published by A&C Black 1871, The Fly Fishers Classic library, 2009. 電子書籍
（釣り師の心得）

John Waller Hills: *A summer on the test*, First published 1924, Modern Fishing Classics Andre Deutsch.
（テスト川のひと夏）

※本書の中で取り上げた書籍で、日本で翻訳出版されていないものについては、書名も含め著者訳を使用した。

あとがき

本書の出版にあたり、関係者に感謝の意を表しておきたい。

本書の原稿は、半分まで書いたところで、気分が乗らなくなってそのままにしてあった。三年程前のことである。

ある日、そのことを仙波知司氏に話すと
「その原稿を見せなさい」

と言われた。

仙波氏は年長の知己である。私の知る数少ない音楽業界の人で、若かった頃にはフルートを奏で、広告代理店でコピーライターとして働いていたこともある。その後、東芝ＥＭＩからエイベックスグループを経て、ディスク クラシカ ジャパンの設立に参画し、いまに至る。ディスク クラシカは、演奏家の知名度を問わずに良質なクラシック音楽の制作を追求するＣＤレーベルである。

「音楽ＣＤも売れないが、本も売れない。しかし、これはよく書けているからぜひ完成させなさい」

書きかけの原稿を褒められ気をよくした私は、それから半年ほどかけて書き上げた。すると仙波氏は、その原稿に、クラシックＣＤの制作やコンサートの開催などの仕事の傍ら、校正を加えてくださった。

それを、三樹書房社長の小林謙一氏に話をしたところ
「では、うちでその原稿を預かりましょう」

と言ってくださった。

三樹書房はもともと江戸時代の文化を専門とする出版社として創業し、その後は歌舞伎や落語といった一般文芸書にも分野を広げているが、近年は自動車の歴史などを扱う書籍も多く刊行している。私は自動車の仕事に長年携わっていて、その経験をまとめた本を三樹書房から出版しているので、遠慮なく相談することができた。

「でも、釣りの本ですよ」

「まあ、見てみましょう。うちでも釣りの本を出したことが

ありますから」

実に有難いことながら、小林氏も出版業界の人として、

「確かに本を売るのはますます難しくなっています。ここ数年で約一万軒の書店が消滅したのだそうです」

と、その現状を憂えるのである。

それからしばらくして、同社の木南ゆかり氏から編集の打ち合わせをしたいとの連絡があり、三樹書房を訪れると、私の原稿に丁寧な赤文字で校正が加えられていた。

私は、出版するならば上製本にしたいと思っていた。いわゆるハードカバーの本である。しかし、販売部数を多く見込める訳ではないから、上製本にすると採算を取るのが難しくなるに違いない。

私の心配をよそに、木南氏は、

「本棚に並べて折にふれて読み返したくなる、そういう本にしたいと思います」

と言って、言水制作室に依頼して装丁に工夫を凝らし、カイズケン氏の挿絵まで施された。著者にとっては望外の喜びと言うより他ない。

三樹書房の山田国光氏の実務があって本書の出版が実現したことも付言しておきたい。早稲田大学で数学を専攻しながら、本好き、車好きが嵩じて出版業界に身を置くようになった山田氏の出版にまつわるさまざまな話しは、まるで玩具箱を開けるように楽しい。

本書の書き始めの頃から、私の長年の友人であり、釣り好きで英語に堪能な墨田剛君には、英語の文献の翻訳について助言を貰った。また、私に釣りを教えてくれた岡田等君、機会あるごとに釣行に誘ってくれる関口千人君も、本書の執筆に大きく寄与している。

釣りをすることと、文章を書くことには、時間の過ごし方として、どこか似たところがあるように思う。

釣りをしているときの無我夢中の感覚が、文章を書くことに没頭しているときのそれに似ているように思うのである。ただ釣りは、私は釣った魚の写真も撮らずに川に返すばかりなので、何も残らない。しかし自分の書いた文章は残る。しかもそれが本になると、自分の生きた証になるようで、やがて還暦を迎える身としては実に有難い。

本書の執筆から出版に至るまで、お世話になった方々に心より御礼申し上げる。

上野国久（うえの・くにひさ）
1959年（昭和34年）熊本市の江津湖のほとりで生まれ育ち、幼少の頃より釣りに親しむが、高校卒業後東京で暮らすようになって釣りから遠ざかる。
1982年中央大学卒業後、自動車会社に就職。33歳のときに当時勤めていた会社で宇都宮市に転勤になり、勤務先の同僚にフライフィッシングを教わって、釣りを再開する。渓流でのドライフライの釣りを好む。愛知県豊橋市在住。
著書に『ホンダ、フォルクスワーゲン、プジョーそしてシトロエン 3つの国の企業で働いてわかったこと』（三樹書房）がある。

釣りは人生とは別の時間
フライフィッシングの魅力と愉しみ

2019年1月25日　初版第1刷発行

著者　上野国久
発行者　小林謙一
発行所　三樹書房
〒101-0051 東京都千代田区神田神保町1-30
TEL 03(3295)5398　FAX 03(3291)4418
http://www.mikipress.com

印刷・製本　シナノ パブリッシング プレス